INVENTAIRE
V 34263

PRATIQUE
DE LA GNOMONIQUE.

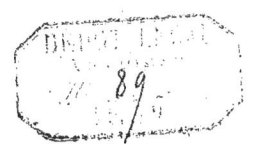

PRATIQUE
DE LA
GNOMONIQUE,
OU
MÉTHODES SURES

Pour construire les Cadrans Solaires;

Par l'abbé CHAIX.

AVIGNON,
OFFRAY AINÉ, IMPRIMEUR-LIBRAIRE, PLACE St-DIDIER, 11.
1859.

CHAPITRE I.

NOTIONS PRÉLIMINAIRES.

ARTICLE I.

NOTION HISTORIQUE.

1. — On ne saurait douter de l'antiquité des cadrans solaires. L'Écriture Sainte (4me livre des Rois, ch. 20, ỳ. 11) nous apprend que dès le temps d'Achaz roi de Juda (3262 du monde, 738 avant Jésus-Christ) il y en avait un à Jérusalem. Hérodote, qui vivait 444 ans avant notre ère, dit positivement que les Grecs reçurent les cadrans solaires des Babyloniens ; et c'est probablement par la même voie que les Juifs reçurent leurs connaissances astronomiques.

Le premier cadran qui parvint en Europe est celui qu'Anaximène de Milet (550 av. J. C.) fit dresser sur la place publique de Lacédémone. Les cadrans ne furent connus des Romains que fort tard. Pline dit qu'avant l'an 400 de Rome, il n'est fait mention d'autre calcul de temps que de celui qui se tirait du lever du soleil ; aussi, les Romains crurent-ils leur science avancée, quand ils eurent la connaissance du midi. Un crieur public se tenait alors en sentinelle près du Sénat, et dès qu'il apercevait le soleil entre la tribune aux harangues et le lieu appelé *la station des Grecs*, il criait à haute voix qu'il était midi. Ce ne fut que vers l'an 417 de Rome, c'est-à-dire 300 ans av. J. C., que l'on vit pour la première fois dans cette ville un cadran solaire construit par Papirius Cursor ; mais ce cadran construit sans principes était faux. Trente ans après, le consul Valérius Messala apporta de Sicile un autre cadran qu'il éleva sur un pilier près de la tribune aux harangues : c'était là qu'allaient se promener les oisifs. Ce cadran n'était pas plus juste que le précédent, n'ayant pas été construit pour la latitude de Rome. On s'en servit néanmoins pendant 99 ans, jusqu'à ce que le Censeur L. Philippus en fit construire un autre moins inexact. Vitruve qui vivait du temps d'Auguste paraît être le premier qui ait essayé de construire les cadrans sur les principes de la sphère.

Au témoignage d'auteurs graves, les obélisques Egyptiens avaient été originairement élevés pour servir de *Gnomons*, c'est-à-dire, pour marquer les heures, d'une manière plus ou moins imparfaite, par la longueur de leur ombre. L'empereur Auguste fit transporter à Rome deux de ces grands obélisques, dont l'un devait conserver sa destination primitive.

Les Romains se servirent aussi de *Clepsidres* ou horloges d'eau, et leur donnèrent même un certain degré de perfection : celle de Ctésibius, 135 av. J. C., a joui de quelque célébrité. L'eau s'échappait des yeux d'une figure, qui semblait payer un tribut de pleurs aux instants qui s'écoulent si rapidement. Le fluide reçu dans un réservoir y élevait un petit vaisseau portant une statue en bois, armée d'une baguette. Tout auprès se trouvait une colonne mue par l'eau, tournant sur son axe une fois seulement dans un an. C'était sur cette colonne que la statue indiquait, avec son index et sa baguette, non seulement les heures, mais encore les jours et les mois.

2. Le vénérable Bède, au commencement du 8me siècle, passe pour être le premier qui ait recueilli et publié les principes des anciens sur la Gnomonique. Parmi les modernes le Jésuite Clavius né en 1537, celui qui rendit de si grands services à Grégoire XIII pour la réforme du calendrier, est le premier qui ait fait un traité exprès sur cette matière. Lahire né en 1640, et surtout Ozanam et Deparcieux, qui florissaient au commencement du 18me siècle, ont approfondi et développé la théorie de cette science.

Dans notre siècle, M. Puissant dans un article inséré dans la correspondance de l'Ecole Polytechnique (1813) et M. Mollet, dans sa *Gnomonique graphique*, ont donné de savantes méthodes analytiques pour trouver les lignes horaires par le calcul algébrique. Mais le traité le plus complet et le plus pratique est celui de Dom Bedos bénédictin de la congrégation de Saint-Maur, édité pour la seconde fois en 1774, cinq ans avant la mort de l'auteur.

ARTICLE II.

NOTION GÉOMÉTRIQUE.

3. — La ligne, trait simple, n'ayant, par supposition, d'autre dimension que la longueur, peut être *droite* ou *courbe* : droite, si elle tend toujours vers un seul et même point ; courbe, si elle s'en détourne plus ou moins.

4. — Le *cercle* est une figure plate et ronde, terminée par une seule ligne courbe ou circulaire nommée *circonférence*, au milieu de laquelle est un point nommé *centre*, sur lequel on a posé une pointe de compas, pour décrire avec l'autre cette ligne courbe.

Par le mot *cercle* nous entendrons ordinairement la seule ligne courbe qui le termine, à moins que nous ne disions expressément *le plan d'un cercle* ; pour lors il faudrait entendre son étendue ou sa surface.

5. — Il faut concevoir le cercle, grand ou petit, divisé en 360 parties qu'on appelle *degré*. Le degré se divise en 60 minutes ; la minute en 60 secondes, la seconde en 60 tierces, etc. Ordinairement dans le calcul on n'écrit pas les mots *degré*, *minute* et *seconde*; mais on écrit ainsi : 25°, 36', 16'', ce qui signifie 25 degrés, 36 minutes, 16 secondes.

Le *diamètre* du cercle est une ligne droite qui passe par le centre du cercle, et se termine de part et d'autre à la circonférence.

Le *rayon* du cercle est une ligne droite, qui va du centre se terminer à la circonférence.

Un *arc* est une ligne courbe qui fait partie de la circonférence du cercle.

fig. 1 Dans la figure 1 la circonférence est AECF, B le centre, AC le diamètre, BA, BC, BD, BE autant de rayons, AE, ED, DC autant d'arcs de cercle.

6. — Un *angle* est l'ouverture formée par deux lignes qui se rencontrent en un point qu'on appelle *sommet*. Les *côtés* d'un angle sont les deux lignes qui le forment. On indique ordinairement un angle par trois lettres : celle du milieu dénote toujours le sommet de l'angle dont on parle.

fig. 2 Par exemple, on dit l'angle ABC ou CBA.

Lorsqu'on parle d'un angle, on suppose toujours son sommet au centre du cercle, et ses deux côtés sont regardés comme des rayons du même cercle : l'arc qui se trouve entre les deux côtés ou rayons désigne la valeur de l'angle, c'est-à-dire, le nombre de degrés qu'il contient.

fig. 1 Par exemple, l'angle EBD a son sommet B au centre du cercle, et l'arc ED qui contient un certain nombre de degrés est la mesure de sa valeur. On voit par là que la valeur d'un angle ne dépend pas de la longueur de ses côtés, parce qu'un cercle, grand ou petit, se divise toujours (5) en 360°.

Un angle est *droit*, *aigu*, ou *obtus*. Il est *droit* quand il a 90°, ou en d'autres termes, quand il est à l'équerre comme ABE ; *aigu* quand il a moins de 90°, et *obtus* quand il en a davantage : l'angle CBD est aigu, l'angle ABD est obtus.

Le *complément* d'un angle ou d'un arc est ce qu'il lui faudrait ajouter pour avoir un quart de cercle ou un angle droit. Ainsi le complément de l'angle EBD est l'angle CBD et réciproquement.

7. — Le *triangle rectiligne* est une figure terminée par trois lignes droites, qui forment trois angles et trois côtés. Il y en a de quatre espèces, le *rectangle*, l'*équilatéral*, l'*isoscèle* et le *scalène*. Le triangle *rectangle* est celui qui a un de ses angles droits, ou de 90°. La figure 3 est un rectangle.

On nomme *hypothénuse* le côté d'un triangle rectangle opposé à l'angle droit ; ainsi le côté AB est l'hypothénuse du triangle ABC. *fig.* 3

Le triangle équilatéral est celui qui a les trois côtés égaux, et par conséquent les trois angles aussi égaux. La figure 4 est un triangle équilatéral. La connaissance des triangles isoscèle et scalène n'étant pas nécessaire pour la pratique, nous n'en donnons ni l'explication ni la figure. *fig.* 4

8. — Deux lignes droites sont dites *parallèles* lorsqu'elles ne peuvent jamais se rencontrer, à quelque distance qu'on les imagine prolongées.

9. — Deux lignes droites sont dites *perpendiculaires* lorsqu'elles forment un angle droit. Il ne faut pas confondre le mot *perpendiculaire* avec le mot *vertical* ; ce dernier signifie toujours à plomb, c'est-à-dire de haut en bas, comme la ligne que forme le fil d'un plomb librement suspendu. La ligne perpendiculaire à la verticale s'appelle *horizontale* ou de niveau.

10. — Avant d'aller plus loin, il faut s'accoutumer à opérer avec justesse et précision. Munissez-vous d'une règle bien droite et d'un bon compas. Un bon compas doit être convenablement serré à la tête, et cependant à frottement doux ; ses pointes doivent être fines et égales.

Il est avantageux d'avoir deux règles, l'une de petite dimension, l'autre d'une longueur d'environ deux mètres, et chacune également large et épaisse d'un bout à l'autre.

Lorsqu'on tirera une ligne, on tiendra la plume, ou le crayon, ou la pointe, toujours dans la même situation le long de la règle, afin que la ligne passe toujours au milieu des points. On maniera le compas légèrement, le tenant seulement par la tête sans en toucher les jambes. On évitera d'enfoncer les pointes, et on fera les points fort petits à la surface sur laquelle on opérera.

11. — Diviser en deux parties égales une ligne droite AB. *fig.* 5

Des extrémités A et B comme centres et avec une ouverture de compas plus grande que la moitié de cette ligne, décrivez deux arcs qui se coupent en C ; faites-en de même de l'autre côté au point D : tirez par ces points d'intersection la droite CD, et le point E où cette ligne coupera AB sera le point de division demandé.

fig. 6   **12.** — D'un point donné mener une ligne parallèle à une autre.

On suppose que du point F il faut mener une parallèle à AB. Par ce point F tirez la ligne AE qui fasse angle aigu avec la ligne donnée AB ; du point d'intersection A décrivez l'arc FJ ; du point F et avec la même ouverture décrivez l'arc EG ; prenez la distance FJ, portez-la de E en G par lequel et par le point donné vous tirerez la droite CD qui sera la parallèle demandée.

Ou plus simplement, du point donné F décrivez le petit arc I qui touche juste la ligne AB ; d'un autre point K à volonté, sur cette dernière ligne, et d'une même ouverture de compas, décrivez l'arc H ; et du point donné tirant la droite qui touche ou qui soit tangente à cet arc, vous aurez la parallèle demandée.

13. — Faire un angle égal à un angle donné.

fig. 7   Du point E de la ligne DE il s'agit de faire un angle égal à ABC. D'une ouverture quelconque de compas décrivez des points B et E les arcs AC et DF ; prenez la distance de AC et portez-la de D en F ; tirez la droite EF, et l'angle DEF sera égal à ABC.

14. — D'un point donné sur une ligne droite élever une perpendiculaire.

fig. 8   Sur la droite AB marquez deux points DE également éloignés du point donné C : des points D et E et avec une ouverture de compas plus grande que DC, décrivez deux arcs qui se coupent au point F ; de ce point d'intersection F menez au point C la ligne FC, ce sera la perpendiculaire.

D'un point donné hors d'une ligne droite abaisser une perpendiculaire à cette ligne.

fig. 9   Du point A qui est celui d'où il faut abaisser la perpendiculaire sur BC, et avec une ouverture de compas qui puisse couper cette ligne, décrivez l'arc DGE. Des points D et E pris pour centre et avec un même rayon, décrivez deux arcs qui se coupent au point F. Du point A tirez une ligne AG telle que, si elle était prolongée, elle passât par le point F; cette ligne sera la perpendiculaire demandée.

Elever une perpendiculaire à l'extrémité d'une ligne.

Le point B étant le point de la ligne AB sur lequel il faut *fig.* 10 élever la perpendiculaire, marquez un point C, à volonté, au-dessus de la ligne AB ; de ce point C pris pour centre et de l'intervalle CB décrivez un demi-cercle qui coupe la ligne AB aux points A et B : du point A tirez par le centre C le diamètre AD, et de son extrémité D menez au point B la droite DB qui sera la perpendiculaire demandée.

15. — Trouver le centre d'un arc de cercle, ou par trois points donnés faire passer une circonférence, pourvu que ces trois points ne soient pas en ligne droite.

Marquez trois points à volonté A, B, C, sur l'arc donné. *fig.* 11 Ouvrez le compas un peu plus de la moitié de la distance de A à B ; posez une pointe sur A et décrivez deux arcs en D et en F. Posez encore la pointe du compas sur B en conservant la même ouverture, décrivez deux autres arcs qui coupent les deux premiers en D et en F, et tirez par leurs intersections la droite FD. Du même point B décrivez deux autres arcs vers E et G ; du point C décrivez-en deux autres qui les coupent en E et en G ; menez par ces intersections la droite EG, elle coupera DF au point H qui sera le centre de l'arc proposé.

16. — D'un point donné sur une surface non horizontale tracer la ligne horizontale.

Ayez un bon niveau (celui à bulle d'air est toujours préférable) ; appliquez une des extrémités de votre règle sur le point donné quelconque, et sur votre règle le niveau : élevez ensuite, ou abaissez l'autre extrémité de la règle jusqu'à ce que la bulle d'air soit au milieu de son tube, ou le fil à plomb sur sa ligne : si, dans cette situation, la règle touche toujours le point donné, enlevez le niveau,

— 12 —

tirez la droite le long de la règle ; elle sera l'horizontale demandée.

Il faut s'assurer par soi-même de la justesse du niveau dont on se sert ; voici le moyen :

Ayez une surface déjà à peu près horizontale, par exemple, une cheminée en marbre ; placez votre niveau sur cette surface ; marquez par quelques traits au crayon la place qu'il occupe et examinez si la bulle d'air est au milieu du tube, ou de combien elle s'en éloigne : puis, sur le même emplacement tournez le niveau en ce sens que le bout qui était à votre droite soit à votre gauche ; et si la bulle d'air correspond au même endroit, votre niveau est juste ; sinon, il faudra, avec une lime douce, limer le dessous de la base du niveau, du côté vers lequel la bulle s'approche le plus.

ARTICLE III.

NOTION ASTRONOMIQUE.

17. — La Science Astronomique nous apprend que la terre, corps rond, d'une circonférence de 9000 et d'un diamètre de 2865 lieues, *valse* autour du soleil à une distance moyenne de 35 millions de lieues. La terre a donc deux mouvemens principaux, celui de *rotation* sur elle-même, qui s'accomplit en 24 heures, ce qui constitue le jour, et celui de *translation* autour du soleil qui s'accomplit en 365 jours 5 heures 48 minutes 48 secondes, ce qui constitue l'année solaire ou civile. Dans ce dernier mouvement la terre ne décrit pas un rond, mais un ovale ou une *ellipse* ACBD, dont le soleil S, d'un diamètre 109 mille fois 1/4 plus grand que celui de la terre, occupe un des *foyers*. Pour trouver les foyers de l'ellipse, prenez avec le compas la distance FB qui est la moitié du plus grand diamètre ; ensuite du point D, et avec cette ouverture de compas décrivez l'arc ES qui coupe la ligne AB ; les points d'intersection E, S seront les foyers de l'ellipse.

fig. 12

Une ligne droite tirée d'un des foyers à un point quelconque de la courbe se nomme *rayon vecteur*, et l'espace compris entre deux rayons vecteurs se nomme *aire* : ainsi les rayons SA, ST sont autant de rayons vecteurs, et l'espace compris entre ces deux lignes est l'aire qu'elles forment. La distance du centre F de l'ellipse au foyer S s'appelle *excentricité*. L'excentricité de l'ellipse de la terre n'est que d'environ la 35me partie du grand diamètre ; ce n'est donc que pour plus de clarté dans la figure que nous avons placé le soleil en S : en réalité il devrait être placé vers le point I. La terre représentée en T sera à son *apogée*, c'est-à-dire à sa plus grande distance du soleil, lorsqu'elle sera parvenue au point A, et à son *périgée*, au point B.

Cette belle harmonie des corps célestes, qui donne une si grande idée de la puissance de Dieu, a des lois que les astronomes expriment ainsi :

1°. Tous les corps célestes s'attirent mutuellement dans l'espace, en raison directe des masses, et en raison inverse du carré des distances.

2°. Les rayons vecteurs des planètes décrivent des aires proportionnelles aux temps.

3°. Les planètes décrivent des ellipses, dont le soleil occupe un des foyers.

4°. Les carrés des temps des révolutions des planètes sont entr'eux comme les cubes de leurs moyennes distances au soleil.

18. — Nonobstant ces vérités astronomiques, comme pour l'objet qui nous occupe il est indifférent que ce soit le soleil ou la terre qui soit en mouvement ; et comme d'ailleurs il est plus facile de se faire comprendre, en prenant les apparences pour la réalité, nous supposerons toujours que c'est la terre qui est immobile au centre de l'univers, et que le soleil et les astres tournent autour d'elle.

19. — Comme on a imaginé plusieurs cercles dans le ciel, pour représenter le cours du soleil, on a aussi imaginé un instrument appelé *Sphère Armillaire*, pour repré-

senter l'apparence des cercles imaginés soit dans le ciel soit sur la terre. Pour plus de clarté dans la figure, nous n'avons placé que les cercles principaux et les plus utiles à connaître.

fig. 13   Les pôles sont les deux points AA', où va aboutir la ligne qui traverse le centre de la sphère ou de la terre C. C'est sur cette ligne que tout l'univers semble tourner ; c'est pourquoi on l'appelle l'*axe* de la terre ou du monde. Ces deux pôles ont chacun un nom particulier ; le supérieur, par rapport à nous, comme A, s'appelle le pôle *arctique* ou septentrional ; et le pôle A' s'appelle le pôle *antarctique* ou méridional. Par rapport à nous, le premier est le pôle élevé et l'autre est le pôle abaissé.

20. — L'horizon HH' est un grand cercle de la sphère qui la partage en deux parties égales, dont l'une est exposée à nos yeux, et l'autre est au-dessous de nous. La partie que nous voyons s'appelle *hémisphère supérieur* ou notre hémisphère, et l'autre est appelée *hémisphère inférieur*.

21. — Le *Méridien* MM est un grand cercle qui passe par les deux pôles du monde, et par le *Zénith* et le *Nadir* : on appelle zénith le point du ciel qui répond perpendiculairement sur notre tête, et nadir celui qui lui est diamétralement opposé. Ce cercle est appelé méridien, parce que le soleil y étant parvenu, il est midi pour tous ceux qui sont sous ce cercle. Il s'ensuit de là qu'un homme qui va droit d'un pôle à l'autre répond toujours au même méridien ; mais s'il va de l'orient en occident, il change de méridien à chaque pas, comme il change d'horizon à chaque pas, de quelque côté qu'il se dirige.

22. — L'*Equateur* EE appelé aussi l'*Equinoxial* est un grand cercle qui divise la sphère en deux hémisphères, dont l'un est appelé *septentrional*, et l'autre *méridional*. On l'appelle Equateur, parce que lorsque le soleil paraît se mouvoir sur ce cercle, le jour est égal à la nuit sur tous les points des deux hémisphères ; ce qui arrive deux fois l'année, l'une vers le 21 mars, l'autre vers le 22 septembre, qui sont les deux *équinoxes*.

23. — L'*Ecliptique* est un grand cercle qui représente le mouvement propre du soleil, ou la trace qu'il suit toute l'année : il coupe obliquement l'équateur, faisant avec lui un angle de 23°, 28'.

Comme les autres astres, et surtout la lune, s'écartent de l'écliptique, on a imaginé, pour marquer leurs écarts, un grand anneau ZZ de 16° environ de largeur, appelé *Zodiaque*, au milieu duquel se trouve placé l'écliptique.

24. — On partage la circonférence du zodiaque et de l'écliptique en douze parties qu'on appelle *Signes*. Les noms de ces douze signes sont le *Bélier*, le *Taureau*, les *Gémeaux*, l'*Ecrevisse*, le *Lion*, la *Vierge*, la *Balance*, le *Scorpion*, le *Sagittaire*, le *Capricorne*, le *Verseau* et les *Poissons*. Pour en faciliter la mémoire, on les a ainsi exprimés en vers latins :

Sunt Aries, Taurus, Gemini, Cancer, Leo, Virgo,
Libraque, Scorpius, Arcitenens, Caper, Amphora, Pisces.

25. — On appelle *premier vertical* un grand cercle passant par le zénith et le nadir, et par les points de l'horizon qui sont le vrai orient et le vrai occident. Ce cercle est conçu toujours fixe à l'orient et à l'occident : mais on le considère comme changeant de place au zénith et au Nadir, par rapport à nous, toutes les fois que nous changeons de zénith. Le méridien peut être considéré comme un des verticaux qui coupe le premier vertical à angle droit.

26. — La *hauteur du pôle* est la distance depuis l'horizon jusqu'au pôle. Les degrés de l'élévation du pôle se comptent sur le méridien, en commençant à l'horizon. La *latitude*, qui est la distance du zénith à l'équateur, étant toujours égale à la hauteur du pôle, on se sert indifféremment de ces deux termes, *hauteur du pôle* et *latitude*, pour exprimer la même chose.

27. — On appelle *déclinaison du soleil* sa distance à l'équateur. Les degrés de la déclinaison du soleil se comptent sur le méridien : sur quoi il faut observer que les degrés du méridien ne suivent pas ceux de l'écliptique, parce que l'écliptique est dans une situation oblique par rapport au méridien ; aussi le soleil , en parcourant l'écliptique , passe les degrés du méridien plus rapidement , lorsqu'il est près de l'équateur. L'on peut regarder les degrés de l'écliptique , par rapport au méridien , comme une vis dont les filets ou les pas sont écartés vers l'équateur , et qui vont en se serrant de plus en plus vers les *solstices*, où cette prétendue vis a ses filets fort fins.

Nous donnons à la fin de ce petit ouvrage la table de la déclinaison du soleil pour tous les jours de l'année. Cette table est calculée sur la moyenne des années 1853 , 1854 , 1855 et 1856 , et peut, sans erreur sensible, servir pour plus d'un siècle.

Nous donnons également , d'après *l'Annuaire du bureau des longitudes*, la latitude et la position géographique de tous les chefs-lieux d'arrondissements , telle qu'on l'a déduite des triangulations de divers ordres sur lesquelles MM. les officiers d'état-major, chargés de l'exécution de la Carte de France, appuyent leurs beaux et immenses travaux.

ARTICLE IV.

NOTION TECHNIQUE

Ou Explication des termes propres et particuliers à la Gnomonique.

28. — La *Gnomonique* est la science qui enseigne à construire avec *intelligence* les cadrans solaires.

29. — Un *plan* en Gnomonique est la surface sur laquelle on trace le cadran. Pour être assuré de son exactitude , il faut qu'une règle bien droite le touche partout, et en tout sens.

30. — Le *Style* est une verge ordinairement de fer insérée dans le plan , dont le sommet montre les heures par son ombre. Quelquefois on attache une plaque percée au bout du style ; pour lors le rayon de lumière qui passe par le trou de la plaque montre aussi les heures. C'est tou-

jours également un style ; mais on l'appelle plus spécialement alors un *Gnomon*.

31. — Le *pied du style* est le point du plan qui répond perpendiculairement au sommet du style.

32. — L'*axe du cadran* est une verge ordinairement de fer, qui marque l'heure par toute la longueur de son ombre ; à la différence du style qui ne montre l'heure que par l'ombre de son sommet. L'axe passe toujours par le sommet du style qui représente le centre de la sphère : il passe aussi par le centre du cadran. Dans les cadrans qui n'ont pas de centre, il est à angle droit sur le style, mais toujours dirigé vers le pôle. C'est à tort que quelques modernes appellent *style* l'*axe* du cadran.

33. — L'*horizontale*, comme le nom l'indique, est une ligne de niveau passant par le pied du style, sur le plan vertical et horizontal. Nous avons vu (16) la manière de la tracer sur le plan vertical ; dans l'horizontal elle n'est autre chose qu'une perpendiculaire coupant la méridienne au pied du style.

34. — La *verticale du plan* est une ligne à plomb, qui passe par le pied du style : elle est la trace du cercle vertical perpendiculaire au plan.

35. — Le *Centre diviseur* est un point hors d'une ligne droite, au moyen duquel on la divise en degrés de cercle.

36. — La *Méridienne*, dans toutes sortes de cadrans, est la ligne qui désigne le *Midi vrai*. Dans les cadrans verticaux, cette ligne est à plomb ; mais elle ne l'est pas toujours dans les cadrans inclinés.

37. — La *Soustilaire* est une ligne sur laquelle on place toujours le style. Dans les cadrans horizontaux, elle n'est pas différente de la méridienne, comme aussi dans les verticaux ou inclinés non déclinans : mais dans les déclinans, la soustilaire devient une autre ligne que la méridienne, et fait toujours un angle avec elle, qui ne peut être plus grand, dans les cadrans verticaux, que le complément de l'élévation du pôle. Elle est quelquefois appe-

lée *Méridienne du plan*, parce qu'elle est la représentation du méridien qui se rencontre perpendiculaire au plan. Du reste, elle passe toujours par le centre du cadran et le pied du style.

38. — Le *centre du cadran* est le sommet de tous les angles horaires. Le cadran polaire, l'oriental et l'occidental n'ont pas de centre, les lignes horaires étant toutes parallèles.

39. — L'*Equinoxiale* est une ligne droite qui représente l'Equateur, et qui dans tous les cadrans, fait toujours un angle droit avec la soustilaire. Comme l'Equateur est la mesure et la règle du temps, c'est aussi sur cette ligne que l'on commence à trouver les points horaires.

40. — Le *Rayon de l'équateur* est une ligne droite, menée de l'extrémité du style au point où l'équinoxiale rencontre la soustilaire.

41. — Tout cadran construit sur une surface plane est ou *horizontal* ou *vertical* ou *incliné*. L'horizontal est celui dont le plan est parallèle à l'horizon. Le vertical est celui que l'on trace sur un plan vertical, comme un mur à plomb.

42. — Parmi les verticaux il en est quatre appelés *réguliers*, parce qu'ils sont tournés directement vers un des quatre points cardinaux. Ce sont le *Méridional*, le *Septentrional*, l'*Oriental* et l'*Occidental*. Les autres sont appelés *Déclinans*, parce qu'ils sont tournés obliquement vers le midi ou le septentrion.

43. — La *Déclinaison d'un plan* est l'angle que fait ce plan avec le plan du premier vertical (25).

44. — Le *Cadran incliné* est celui qui se fait sur un plan qui coupe l'horizon obliquement : il est *supérieur* s'il regarde le ciel, et *inférieur* s'il regarde la terre. Parmi les inclinés, il en est deux principaux, l'*Equinoxial* et le *Polaire*.

45. — Le cadran *Equinoxial* est celui dont le plan est parallèle à l'Equateur.

46. — Le *Cadran polaire* est celui qui se fait sur un plan parallèle à l'axe de la terre, et qui coupe perpendiculairement le méridien du lieu.

CHAPITRE II.

DU CADRAN HORIZONTAL.

ARTICLE I.

DE LA LIGNE MÉRIDIENNE.

47. — Après s'être assuré que le plan choisi est bien horizontal, d'un point comme A décrivez une ou plusieurs circonférences de grandeurs peu différentes. Sur ce point A fixez bien perpendiculairement au plan une tringle de quelques centimètres de longueur, et le matin, à mesure que l'extrémité de son ombre arrivera sur quelqu'une des circonférences, vous aurez soin de marquer sur le plan ces points de rencontre. Le soir l'ombre de la tringle atteindra de nouveau les mêmes circonférences, et vous marquerez encore tous ces points. Cela fait, vous diviserez en deux également chacun des arcs compris entre les points B du matin et les points C du soir, et les milieux de tous ces arcs seront sur une même droite DA qui passera par le centre et sera la méridienne. *fig.* 14

Au lieu d'une tringle on pourrait peut-être plus surement se servir d'un gnomon, pourvu que le centre du trou répondit bien verticalement au centre des circonférences.

Cette opération fondamentale doit se faire vers les solstices, c'est-à-dire vers le 21 juin ou 21 décembre. Dans toute autre saison elle serait plus ou moins fautive. De ce que l'ombre aurait le soir la même longueur qu'elle avait le matin, il s'ensuivrait seulement que le soleil serait à *même hauteur* au-dessus de l'horizon, mais non à *même distance* du méridien (27).

— 20 —

48. — Quand on a déjà une bonne méridienne, il est facile d'en tirer d'autres avec le secours d'une boussole. Il suffit, pour cela, d'appliquer un des côtés de la boîte, contre cette méridienne et de bien observer sur quel degré s'arrête l'aiguille aimantée. Il est évident que partout ailleurs où cette boussole sera placée, si l'aiguille tombe sur le même point, le même côté de la boîte tracera la même méridienne, pourvu d'ailleurs que l'aiguille ne soit pas influencée par le fer.

ARTICLE II.

TRACÉ GRAPHIQUE DES LIGNES HORAIRES.

fig. 15 **49.** — La ligne méridienne C 12 étant tracée, et ayant déterminé en C le centre du cadran, tirez de ce point la ligne de six heures qui, dans le cadran horizontal, est toujours perpendiculaire à la méridienne. De ce même point C tirez la ligne indéfinie CB qui fasse avec la méridienne l'angle BC 12 égal à l'élévation du pôle, ou à la latitude du lieu où l'on est. Pour cela vous vous servirez utilement d'un *rapporteur* en corne transparente, si vous ne préférez marquer vous-même les degrés sur un demi-cercle en carton. D'un point B plus ou moins éloigné du centre du cadran, selon que votre plan sera plus ou moins grand, tirez perpendiculairement à CB la ligne BD qui sera le rayon de l'équateur, et par le point D une ligne indéfinie perpendiculaire à la méridienne ; ce sera l'équinoxiale. Portez ensuite la longueur du rayon BD de D en G sur la méridienne, et ce point G sera le *centre diviseur* de l'équinoxiale. De ce centre diviseur G, et avec une ouverture volontaire de compas, décrivez le demi-cercle HDI, après avoir tracé le diamètre HI perpendiculaire à la méridienne : divisez ce demi-cercle de 15 en 15 degrés, c'est-à-dire en 12 parties égales, si vous ne voulez que les heures ; en 24, 48, si vous désirez les demies, les quarts. Dirigez ensuite votre règle successivement du centre G sur chaque point de division : elle vous donnera sur l'équinoxiale les points horaires sur lesquels vous ferez passer les lignes des heures, du centre C du cadran. Pour avoir les heures du matin et du soir avant ou après six heures, il n'y a qu'à prolonger au-delà du centre les lignes de 4, 5, 7, 8 heures, comme on le voit dans la figure.

50. — Il est bon de se rendre raison de cette construction, et de bien comprendre que toutes les lignes que nous venons de tracer ne sont que la projection des divers cercles de la sphère. En effet, à cause de la grande distance du soleil et de la petitesse de notre globe, un point quelconque de la surface de la terre peut être considéré, sans erreur sensible, comme le centre de la sphère.

Supposons que le sommet B du style AB élevé perpendi- *fig.* 15 culairement au plan soit ce centre, et que cette sphère soit orientée selon le lieu où l'on est, c'est-à-dire, que son méridien soit dans le plan du méridien, les pôles tournés vers les pôles du monde, etc. : si l'on conçoit alors que l'axe et tous les cercles de cette sphère soient prolongés ou agrandis, jusqu'à ce qu'ils touchent le plan et le traversent, l'on verra naître un cadran des communes sections, ou de la trace de tous ces cercles avec le plan. Le centre du cadran sera le point C où l'axe prolongé aura touché le plan. Le méridien de la sphère aura tracé la ligne de midi C 12. L'horizon aura tracé l'horizontale au point A ; l'équateur l'équinoxiale EF, etc.

Si l'on conçoit ensuite que tous les cercles de cette sphère disparaissent, en sorte qu'il ne reste que leurs traces sur le plan, et le centre de la sphère, c'est-à-dire, le bout du stile B, et que le soleil vienne à éclairer ce cadran, l'ombre du bout du style fera évidemment connaître dans quel cercle de la sphère se trouve le soleil. Mais on peut concevoir que l'axe CB, qui se trouve dans le plan de tous les cercles horaires, reste tout entier : alors son ombre se peindra sur le plan le long de la commune section du cercle horaire avec le plan, c'est-à-dire, le long de la ligne horaire.

Telle est l'idée qu'on doit se former de la construction d'un cadran pour le faire avec intelligence et avec goût.

Il faut par conséquent redresser par la pensée le triangle *fig.* 15 CBD sur le côté CD perpendiculairement au plan. Il faut en second lieu se figurer que tout ce qui est au-dessous de l'équinoxiale a tourné sur cette ligne, jusqu'à ce que le point G ait coïncidé avec le sommet B du stile AB. Dans cette position, on voit que le point B est pris pour le centre de la sphère ; que CB en est l'axe ; que le plan GEF est le plan de l'équateur ; que les rayons menés par le point G — dont BD fait partie en s'identifiant avec DG — sont les traces des plans horaires sur ce plan de l'équateur ; et enfin que les droites menées du centre C à l'équinoxiale sont réellement les intersections des mêmes plans horaires avec la surface du cadran.

51. — La méthode que je viens de donner (49) pour diviser l'équinoxiale — méthode que donnent tous les auteurs — est sans doute *mathématiquement* juste ; mais j'ose dire qu'elle est *pratiquement* fautive, vû le nombre d'opérations délicates qu'elle exige.

Voici une méthode beaucoup plus sure, dans la pratique, qu'on devra suivre toutes les fois que l'équinoxiale sera perpendiculaire à la méridienne : elle consiste dans une seule ouverture de compas.

Soit EF l'équinoxiale à diviser, CB la méridienne, et *fig.* 16 DO le rayon de l'équateur : prenez avec le compas la longueur de ce rayon, et du point O décrivez le cercle B3I9 qui coupera l'équinoxiale aux points de 3 et de 9 heures. Du point B faites la section G sur laquelle arrêtant une des pointes du compas, l'autre ira couper à gauche l'équinoxiale au point de 4 heures. Du point 4 portez deux fois l'ouverture du compas à droite et à gauche sur l'équinoxiale, et vous aurez les points de 5 et de 11 heures. La distance de la méridienne à 11 heures, portée du côté opposé, vous donnera le point de 1 heure ; et vous aurez celui de 2 heures à l'intersection avec l'équinoxiale de votre règle appliquée aux points G et I. Cela fait, vous transporterez de l'autre côté de la méridienne, sur l'équinoxiale, les distances horaires trouvées, et l'opération sera terminée.

Si vous désirez les demi-heures, posez successivement une pointe de votre compas sur chaque point des heures de nombre impair ; et avec une ouverture égale à la distance du point choisi au point B coupez de part et d'autre l'équinoxiale : vous aurez ainsi toutes vos demi-heures.

Si vous désiriez les quarts d'heures, ce serait de chaque point des demi-heures, et toujours avec une ouverture *fig.* 16 égale à la distance de chacun de ces points au point B, que vous les trouveriez, en coupant, comme précédemment, l'équinoxiale de part et d'autre.

Cette pratique est fondée sur ces principes de géométrie :

1°. *Que tout angle qui a son sommet à la circonférence a pour mesure la moitié de l'arc compris entre ses côtés.*

2°. *Que le côté de l'hexagone est égal au rayon du cercle circonscrit ;* ou en d'autres termes : que le rayon divise la circonférence en six parties égales.

3°. *Que l'angle du triangle équilatéral est de* 60°, *puisque la somme des angles de tout triangle équivaut à deux angles droits ou* 180°.

52. — Il reste une difficulté à résoudre : il arrive presque toujours que l'équinoxiale n'est pas assez longue pour y marquer les points de 5 et de 7 heures. Voici comment on y parviendra : sur la dernière ou avant-dernière ligne trouvée sur l'équinoxiale, marquez un point à volonté *fig.* 15 comme O ; de ce point menez la ligne JK parallèle à celle qui est éloignée de six espaces horaires, de la ligne sur laquelle vous avez choisi le point O. La ligne de 9 heures étant celle qui a cet éloignement, ce sera avec elle que devra être parallèle la ligne JK.

Du point O vous prendrez sur cette parallèle la distance

— 24 —

de 3 à 2 heures, et la portant du côté opposé sur cette parallèle, vous aurez le point de 4 heures : pareillement la distance de O à K vous donnera le point de 5 heures ; il en serait de même des demies et des quarts.

La ligne de 5 heures étant trouvée, il n'est pas nécessaire de répéter l'opération pour trouver celle de 7 ; il n'y a qu'à faire l'angle 6C7 égal à 6C5, comme il est enseigné (13).

On se rendra raison de cette construction, si l'on considère la parallèle JK comme la trace d'un plan perpendiculaire au plan horaire C3 : les portions de cette trace, comprises entre les plans voisins qui lui sont également inclinés, ne peuvent qu'être égales entre elles.

53. — Un second moyen de résoudre la difficulté précédente, c'est de tracer le cadran ainsi qu'il suit :

fig. 17 Ayant tracé la méridienne CG, la ligne de 6 heures EF, l'angle BCG de l'élévation du pôle, le rayon de l'équateur BD, et l'équinoxiale JK ; prenez avec le compas la longueur du rayon BD, avec laquelle, du point D vous couperez la méridienne au point G, et l'équinoxiale aux points J et K
fig. 17 de 3 et de 9 heures. Du point G, et par les points J et K, menez les lignes GE et GF qui couperont la ligne de 6 heures en E et F. Des points J et K menez JH et KI parallèles à la méridienne ; vous décrirez ensuite, des points G, E, F, les arcs de cercle PQ, LM, NO, que vous diviserez de 15 en 15 degrés, pour avoir sur l'équinoxiale et sur les parallèles tous les points horaires.

54. — J'ajoute un troisième moyen très-avantageux, lorsqu'on n'aura qu'un petit plan.

fig. 18 Décrivez du centre A, avec une ouverture volontaire de compas, le demi-cercle B12C qui se trouvera divisé en deux également par la méridienne A12. Divisez ce demi-cercle en 12 parties égales, et, par ces points de divisions correspondans, menez des lignes parallèles à la ligne BC de six heures : tirez ensuite l'axe AE faisant, avec A12, l'angle CAE de l'élévation du pôle. Ce sera par le moyen de cet axe que vous trouverez les points horaires sur les parallèles.

Portez la plus courte distance de I à l'axe sur la parallèle opposée, c'est-à-dire, en O de part et d'autre, et vous aurez, sur cette dernière, les points de 1 et de 11 heures.

Pareillement la distance J vous donnera, sur la parallèle L, les points de 2 et de 10 heures ; la distance K vous donnera sur cette même parallèle les points de 3 et de 9 heures ; la distance L vous donnera sur la parallèle J les points de 4 et de 8 heures, et celle de O vous donnera sur I ceux de 5 et de 7, par lesquels du centre A vous ferez passer les lignes horaires. *fig.* 18

ARTICLE III.

MOYEN DE TROUVER LES LIGNES HORAIRES

PAR LE CALCUL.

55. — Ceux qui ont l'habitude du calcul par logarithmes trouveront facilement les angles horaires du cadran horizontal par cette analogie : *Le rayon est au sinus de la hauteur du pôle, comme la tangente de la distance du soleil au méridien pour l'heure proposée est à la tangente de l'angle horaire.* Pour le vertical, il n'y a qu'à changer le second terme *sinus* en *cossinus*.

Additionnez les deux termes moyens, enlevez l'unité de gauche qui représente le rayon, et ce qui restera sera le logarithme de l'angle horaire cherché. C'est par ce calcul qu'on a trouvé les angles horaires pour les latitudes suivantes :

45°

Heures.	Distance du Soleil au Méridien.	ANGLES HORAIRES.	
		Horizontal.	Vertical.
Midi. 5'	1° 15'	0° 51'	0° 55'
... 10'	2 30	1 42	1 50
... 1/4	3 45	2 34	2 45
... 20'	5 ..	3 34	3 40
... 1/2	7 30	5 8	5 30
... 3/4	11 15	7 43	8 17
1 heure.	15 ..	10 21	11 5
1 h. 1/4	18 45	13 2	13 56
1 h. 1/2	22 30	15 46	16 51
1 h. 3/4	26 15	18 35	19 50
2 heures.	30 ..	21 29	22 53
2 h. 1/4	33 45	24 30	26 3
2 h. 1/2	37 30	27 37	29 18
2 h. 3/4	41 15	30 53	32 41
3 heures.	45 ..	34 18	36 11
3 h. 1/4	48 45	37 52	39 50
3 h. 1/2	52 30	41 38	43 37
3 h. 3/4	56 15	45 35	47 35
4 heures.	60 ..	49 46	51 50
4 h. 1/4	63 45	54 8	56 1
4 h. 1/2	67 30	58 44	60 28
4 h. 3/4	71 15	63 32	65 6
5 heures.	75 ..	68 33	69 53
5 h. 1/4	78 45	73 44	74 47
5 h. 1/2	82 30	79 4	79 48
5 h. 3/4	86 15	84 31	84 53
6 heures.	90 ..	90 ..	90 ..

44°		44°-20'		45°	
Horizontal.	Vertical.	Horizontal.	Vertical.	Horizontal.	
0° 53'	0° 54'	0° 53'	0° 54'	0° 53'	
1 44	1 48	1 45	1 47	1 46	
2 36	2 42	2 37	2 41	2 39	
3 28	3 36	3 30	3 35	3 33	
5 14	5 25	5 15	5 23	5 19	
7 52	8 8	7 55	8 6	8 ..	
10 33	10 54	10 36	10 51	10 44	
13 16	13 43	13 21	13 39	13 30	
16 3	16 36	16 9	16 30	16 19	
18 55	19 32	19 1	19 26	19 13	A cette Latitude le Vertical est le même que l'Horizontal.
21 51	22 33	21 58	22 14	22 12	
24 54	25 40	25 2	25 33	25 17	
28 4	28 54	28 12	28 46	28 29	
31 21	32 14	31 30	32 6	31 48	
34 47	35 43	34 57	35 35	35 16	
38 23	39 21	38 33	39 12	38 53	
42 9	43 9	42 20	42 59	42 40	
46 7	47 7	46 17	46 57	46 37	
50 16	51 15	50 26	51 6	50 46	
54 37	55 34	54 47	55 25	55 7	
59 11	60 4	59 21	59 55	59 38	
63 57	64 44	64 6	64 37	64 21	
68 54	69 34	69 1	69 28	69 15	
74 1	74 33	74 7	74 27	74 17	
79 16	79 38	79 20	79 35	79 28	
84 37	84 48	84 39	84 45	84 42	
90 ..	90 ..	90 ..	90 ..	90 ..	

56. — Ayant ainsi trouvé les angles horaires, semi-horaires, etc. ; pour la latitude du lieu où l'on est, il suffira d'avoir un demi-cercle gradué ou rapporteur, d'une certaine dimension, sur le bord duquel soient marqués au moins les demi-degrés. En appliquant son centre au centre du cadran, le degré 90 sur la méridienne ; et le tenant ainsi fixé, d'une main, vous marquerez facilement autour de ce demi cercle, sur votre plan, les points horaires que vous cherchez.

ARTICLE IV.

MANIÈRE DE POSER L'AXE.

57. — Cette opération demande de l'adresse et beaucoup d'attention. L'axe doit être droit, assez mince, et posé au centre du cadran ; il doit faire, avec le plan, l'angle de la hauteur du pôle, en sorte que chacun de ces points tombe perpendiculairement sur la méridienne C12. *fig. 17* Pour la pratique, voici ce que je conseille : avant de faire le trou au centre du cadran, pour y sceller l'axe, prolongez la méridienne au-delà de ce centre, et faites le trou un peu plus grand dans son fond. Tracez et coupez ensuite, sur un carton fort ou sur une planche mince mais plane, l'angle de la hauteur du pôle AIE fig. 21 faisant équerre en A, ainsi que la double équerre ABD fig. 20.

Après avoir introduit votre axe dans le trou, vous le soutiendrez par le côté IE du triangle AIE que vous placerez de manière que I soit près du centre, le côté IA sur la méridienne, et le côté AB perpendiculaire au plan — du moins à vue d'œil. —

Avec des coins en bois, vous le fixerez un peu dans cette position, et vous examinerez si la ligne de 6 heures et la méridienne le coupent par le milieu ; s'il n'en était ainsi, vous le ramèneriez à ce point de rencontre, soit en frappant davantage l'un des coins, soit en faisant avancer l'axe vers le nord ou vers le midi. Après cela, appliquez la double équerre, en ce sens que le point C étant sur la méridienne, la ligne AB soit perpendiculaire à cette dernière. Relevez votre double équerre, plus ou moins perpendiculairement au plan, la faisant tourner sur le côté AB. Si le bout de l'axe correspond à un point quelconque de la ligne CB, vous pourrez le sceller dans cette position ; sinon, il faudra l'y ramener peu à peu.

Ce ne sera qu'en présentant, tantôt l'angle de la hauteur du pôle — ou celui du complément pour le vertical —, et tantôt la double équerre, qu'on pourra s'assurer que l'axe est réellement bien placé. Après cette opération fondamentale, on scellera avec du soufre ou du plomb fondu, si on n'aime mieux — surtout pour un grand plan — faire usage du plâtre *gâché dur*.

58. — Pour fixer, c'est-à-dire, orienter le cadran mobile, il n'est pas de plus sûre méthode que d'avoir près de soi une méridienne ou une bonne montre mise à l'heure depuis peu. Quelques minutes avant midi vous mettrez le cadran de niveau, s'il est horizontal, — ou perpendiculaire, s'il est vertical — ; en sorte que l'ombre de l'axe approche de la méridienne. Si à l'instant de midi l'ombre avance ou retarde sur la méridienne, vous tournerez un peu votre cadran, pour qu'elles coïncident ; et si ce mouvement avait dérangé l'aplomb ou le niveau, on devrait recommencer l'opération un autre jour.

CHAPITRE III.

DU CADRAN VERTICAL.

ARTICLE I.

DU CADRAN VERTICAL RÉGULIER.

Nous avons vu (42) ce qu'on entend par un cadran régulier : nous allons en donner la description dans les trois sections suivantes :

Section première.

Décrire un cadran vertical méridional.

59. — Ayant déterminé en A le pied du style, tirez de *fig.* 19 ce point la ligne à plomb C12 qui sera la méridienne, et la ligne HH qui sera l'horizontale (33). Portez la longueur du style AB sur l'horizontale, de A en B, et faites au point B l'angle ABC de l'élévation du pôle, pour avoir en C le centre du cadran. Du point B, tirez à CB la perpendiculaire BD qui sera le rayon de l'équateur, et qui donnera, par son intersection avec la méridienne, le point D de l'équinoxiale GG qui, comme dans le cadran horizontal, se tire perpendiculaire à la méridienne. Ayant ainsi trouvé le rayon de l'équateur et la ligne équinoxiale, il ne reste plus qu'à diviser cette dernière par la méthode enseignée (51,52), et à tirer du centre C, par ces points de division, les lignes horaires cherchées.

Section seconde.

Décrire un cadran oriental.

60. — Ayant déterminé en A le pied du style, tirez, par ce point, l'horizontale HR, la ligne AC faisant avec HR l'angle de l'élévation du pôle, et la ligne équinoxiale EO perpendiculaire à AC. La ligne AC prolongée au-dessous de l'horizontale sera la ligne de six heures. Prenant cette ligne de six heures pour méridienne, et la longueur du style AB pour rayon de l'équateur, vous diviserez l'équinoxiale par la méthode enseignée (51), et par chaque point de division vous tirerez les lignes horaires toutes parallèles à la ligne de six heures. *fig.* 22

Quant à l'axe de ce cadran, représenté par la fig. 23, il devra être parallèle à la ligne de six heures, et supporté par le style fixé perpendiculairement au plan au point A.

61. — Le cadran occidental est précisément le même que l'oriental, mais dans une situation opposée. Si l'on regarde la figure 22 par derrière, à travers le papier, on verra le cadran occidental tout tracé, avec la différence que la ligne de 11 heures sera celle de 1 h., la ligne de 10 celle de 2, etc.

Section troisième.

Décrire un cadran septentrional.

62. — Du point A choisi pour centre du cadran, tirez *fig.* 24 la ligne à plomb IJ qui représente la ligne de minuit, et la ligne de six heures qui lui est perpendiculaire. Du même point, mais en dessus de la ligne de six heures, faites l'angle IAE du complément de l'élévation du pôle, pour avoir dans la ligne AE l'axe du cadran. D'un point comme C de cet axe, plus ou moins éloigné du centre A, selon que le plan sera plus ou moins grand, tirez la perpendiculaire CD : elle sera le rayon de l'équateur qui vous donnera sur la ligne IJ le point D de l'équinoxiale que vous diviserez comme précédemment.

L'inspection de la figure fait assez voir qu'il suffit de marquer sur l'équinoxiale les points de 4 et 5 heures du matin, de 7 et 8 heures du soir ; parce que la même ligne étant prolongée au-delà du centre servira pour le matin comme pour le soir. Quant à l'axe, il est facile de voir qu'il doit être placé en sens contraire de celui du cadran méridional.

ARTICLE II.

DU

CADRAN VERTICAL IRRÉGULIER OU DÉCLINANT.

Section première.

Manière de trouver la déclinaison du plan.

63. — Nous avons vu (43) que la déclinaison d'un plan était l'angle formé par ce plan et la ligne qui va d'orient en occident ; il s'ensuit donc que cette déclinaison est ou méridionale ou septentrionale : méridionale si le plan regarde obliquement le midi, septentrionale s'il regarde obliquement le nord.

Pour trouver la déclinaison méridionale, voici comment on peut s'y prendre : Du point A comme centre décrivez

fig. 25 l'arc GJO ; fixez ensuite à ce point A, perpendiculairement au plan, un style AI de petite dimension. Avant et après midi vous aurez soin, comme il a été dit (47), de marquer sur cette portion de circonférence, les points G et O d'entrée et de sortie de l'ombre du style ; et ayant *fig.* 25 trouvé en J le milieu de l'arc GO, vous tirerez de ce point J, et par le point A, la ligne indéfinie FD qui sera la soustilaire. Du point A tirez l'horizontale HE, et prenez au-dessus de cette horizontale, sur la ligne FD, un point à volonté comme D pour centre du cadran, d'où vous ferez tomber à plomb la ligne DC que vous prendrez pour la méridienne, sans avoir égard à la longueur du style AI.

Après avoir fait du centre D l'angle CDE du complément de l'élévation du pôle ; après avoir décrit du point C, par le point E, l'arc du cercle indéfini EB, vous tirerez du point A la ligne à plomb AB qui coupera l'arc de cercle au point B, par lequel si vous tirez au point C la droite BC, l'angle ABC sera la déclinaison cherchée.

64. — Si l'on pouvait s'assurer du moment de midi, l'opération serait plus facile. Ayant tracé l'horizontale BC, *fig.* 26 et fixé en A le style AI, comme précédemment, tirez du point A la ligne à plomb AD de la longueur du style. A midi précis, marquez le point O du bout de l'ombre, et de ce point O menez la ligne OE parallèle à AD ; après quoi si vous joignez ED, l'angle BDA sera la déclinaison cherchée.

Pour trouver la déclinaison septentrionale du plan, on devra se servir ou d'une méridienne horizontale tracée à proximité, ou d'une boussole éprouvée (48).

Section seconde.

Décrire un cadran vertical déclinant du midi.

65. — Ayant déterminé en O le pied du style, sur l'ho- *fig.* 27 rizontale HH, tirez la ligne OI de la longueur du style, perpendiculairement à l'horizontale. Du point I faites l'angle de déclinaison OIC, toujours du côté vers lequel le plan décline. Cette ligne de déclinaison IC vous donnera

fig. 27 sur l'horizontale le point C de la méridienne A12 que vous tirerez à plomb (36). Portant ensuite la longueur de cette ligne de déclinaison de C en B, vous ferez au point B l'angle CBA de l'élévation du pôle, pour avoir en A le centre du cadran. Le centre du cadran étant trouvé, vous tirerez la soustilaire AF qui doit toujours (37) passer par le centre du cadran et le pied du style. Du point B tirez la ligne BD perpendiculaire à AB, pour avoir, sur la méridienne, le point D de l'équinoxiale EE que vous tracerez, par ce point, perpendiculairement à la soustilaire (39).

Pour trouver le centre diviseur de l'équinoxiale, vous fixerez sur D une pointe de compas, et avec une ouverture égale à BD, vous couperez la soustilaire au point F qui sera ce centre diviseur, par lequel, et par le point D, vous tirerez le rayon FD de midi.

Du point F, et avec la plus courte distance de ce point à l'équinoxiale, vous tracerez une demi-circonférence que vous diviserez en arcs de 15 degrés, à compter du point où elle est coupée par le rayon FD, pour terminer le reste comme il a été dit (49) et (52).

Section troisième.

Décrire un cadran vertical déclinant du nord.

fig. 28   66. — Ayant tracé par le pied du style A la ligne horizontale HH, tirez-lui comme auparavant, par ce pied du style, la perpendiculaire AB égale à la longueur du style : faites l'angle de déclinaison ABD, et tracez la méridienne CK qui représentera la ligne de minuit : portez ensuite la longueur de la ligne de déclinaison BD, de D en F, où vous ferez en-dessous de l'horizontale, l'angle DFC de l'élévation du pôle, pour avoir en C le centre du cadran. Tracez la soustilaire CJ, et du point F élevez sur CF la perpendiculaire FI, pour avoir sur la méridienne le point

I de l'équinoxiale ; après quoi le reste s'achèvera comme dans le cadran précédent, où tout ce que nous y avons dit servira pour celui-ci qui est le même cadran renversé.

67. — Lorsque la déclinaison sera très-considérable et que le centre du cadran sera conséquemment fort éloigné du style, on pourra se passer de ce centre en se servant de deux horizontales en cette sorte :

Soit la méridienne KI fig. 28 bis, l'horizontale VE, le style EL, et l'angle de déclinaison ELV ; tirez à volonté une verticale TP qui coupe la ligne de déclinaison au point P. Du point d'intersection de la verticale avec l'horizontale, c'est-à-dire du point R, portez en S la distance PL, et du point S faites l'angle RST de l'élévation du pôle, pour avoir en T un second pied de style, par lequel, et par le premier E, vous tirerez la soustilaire ET. Du point T tirez la seconde horizontale TX, faites TO égal à RP, et tirez la seconde ligne de déclinaison OX : ayez ensuite un petit cadran horizontal fait pour la latitude du lieu, et appliquez-en le centre successivement au point L et au point O en sorte que sa ligne méridienne convienne avec la ligne de déclinaison ; vous obtiendrez ainsi, sur les horizontales prolongées, deux points de chaque ligne horaire.

fig. 28 (bis).

Quand on ne pourra user de cette méthode, il ne restera qu'à tracer le cadran sur un grand espace, comme serait un parquet, et à transporter ensuite sur le plan préparé les parties des lignes horaires assez voisines du style : ce sont là des difficultés qu'on doit éviter autant que possible.

CHAPITRE IV.

DU CADRAN INCLINÉ.

68. — Nous avons vu (44) que le cadran incliné est celui qui se fait sur un plan qui coupe l'horizon obliquement. C'est toujours du côté du plan horizontal que l'on commence à compter les degrés d'inclinaison : cette inclinaison forme donc toujours un angle aigu. Nous ne parlerons ici que du cadran incliné supérieur, c'est-à-dire dont le plan regarde le ciel plus ou moins obliquement.

ARTICLE I.

Du cadran incliné méridional.

On appelle cadran incliné méridional celui qui se fait sur un plan qui incline directement vers le midi : sa construction se modifie selon que l'inclinaison est plus grande, égale, ou moindre que l'élévation du pôle.

Section première.

Décrire un cadran méridional dont l'inclinaison est plus grande que l'élévation du pôle.

69. — En un point comme A, fixez perpendiculairement le style. De son sommet B laissez tomber librement un fil à plomb terminé par une pointe aigue, qui vous donnera sur le plan un point comme F, que je nommerai *point vertical*, soit qu'il représente le zénith ou le nadir. Par ce point vertical, et par le pied du style, tirez la verticale du plan ou la méridienne C12, sur laquelle vous

fig. 29

élèverez la perpendiculaire AB de la longueur du style, *fig.* 29 pour avoir en B l'angle ABF de l'inclinaison du plan. Du point B menez la ligne BI perpendiculaire à BF, pour avoir en I le point de l'horizontale, et faisant l'angle IBC de l'élévation du pôle, vous aurez en C le centre du cadran. Enfin du point B tirez sur CB la perpendiculaire BD qui sera le rayon de l'équateur, et qui vous donnera sur la méridienne le point D de l'équinoxiale EE que vous diviserez par la méthode enseignée (51).

Section seconde.

Décrire le cadran polaire.

70. — Lorsque l'inclinaison du plan est égale à l'élévation du pôle, le cadran qu'on y construit n'ayant point de centre prend le nom de polaire.

D'un point comme A, choisi vers le milieu du plan, *fig.* 30 pour le pied du style, tirez horizontalement l'équinoxiale EE, ainsi que la perpendiculaire 1212 qui sera la méridienne. La longueur du style AB étant ici le rayon de l'équateur, décrivez du point A, avec une ouverture de compas égale à cette longueur, le quart de cercle BC, par le moyen duquel, conservant la même ouverture de compas, vous trouverez comme précédemment les points horaires sur l'équinoxiale. Les lignes horaires devront être parallèles à la méridienne, et l'axe placé comme il a été dit (60).

Section Troisième.

*Décrire un cadran méridional dont l'inclinaison
est moindre que l'élévation du pôle.*

fig. 31   71. — En un point comme A fixez perpendiculairement le style, et de son sommet B laissez pendre le fil à plomb qui vous donnera le point vertical I, par lequel et par le point A vous tracerez la méridienne C12. Du point A tirez sur la méridienne la perpendiculaire AB, de la longueur du style, et joignant BI, vous aurez l'angle ABI, de l'inclinaison du plan. Faites au point B l'angle IBC, du complément de l'élévation du pôle, pour avoir en C le centre du cadran. Enfin du point B tirez sur CB la perpendiculaire BD qui sera le rayon de l'équateur, et donnera, sur la méridienne, le point D de l'équinoxiale EE que vous diviserez comme précédemment.

72. — Lorsque l'inclinaison du plan approche de l'élévation du pôle, on peut tracer les lignes horaires sans avoir le centre du cadran : il n'y a qu'à tirer au rayon BD, fig. 29 et 31, la perpendiculaire BG ou BF, et en un point quelconque de cette ligne, lui tirer une perpendiculaire qui coupe la méridienne. Cette nouvelle ligne sera un nouveau rayon de l'équateur donnant sur la méridienne une nouvelle ligne équinoxiale que vous diviserez comme la première : ayant alors deux points de chaque ligne horaire, vous pourrez vous passer du centre.

ARTICLE II.

DU CADRAN INCLINÉ ORIENTAL.

fig. 32   73. — Ayant comme auparavant fixé en A le style AB, et ayant trouvé le point vertical D, tirez la verticale du plan LF, et par le point D, la méridienne horizontale C12. Du point A tirez sur LF la perpendiculaire AB, de la longueur du style, pour joindre BD, et avoir en B l'angle ABD de l'inclinaison. Portez la ligne d'inclinaison BD, de D en F, et de ce dernier point faites l'angle DFC du complément de l'élévation du pôle pour avoir en C le centre du cadran. Tracez la soustilaire CK, sur laquelle vous éléverez, du point A, la perpendiculaire AL de la longueur du style. Menez ensuite l'axe CI auquel vous tirerez, du point I la perpendiculaire IJ qui sera le rayon de l'équateur, et qui vous donnera, sur la soustilaire, le point J de l'équinoxiale. Si vous désirez le point de l'équinoxiale sur la méridienne, l'angle DFG de l'élévation du pôle vous le donnera en G.

Ayant tiré l'équinoxiale EE, vous trouverez son centre diviseur, en portant le rayon de l'équateur IJ, de J en H ; ou la distance FG, de G en H. De ce dernier point, vous décrirez la demi-circonférence que vous diviserez en arcs de 15 degrés, à compter du rayon HG de midi.

Le cadran incliné occidental se fait de la même façon que l'oriental, avec la différence observée (61).

ARTICLE III.

DU CADRAN INCLINÉ SEPTENTRIONAL.

Le cadran incliné septentrional est celui qui se fait sur un plan qui incline directement vers le nord. Sa construction se modifie aussi selon que l'inclinaison est plus grande, égale, ou moindre que le complément de l'élévation du pôle.

Section première.

Décrire un cadran septentrional dont l'inclinaison est plus grande que le complément de l'élévation du pôle.

fig. 33
74. — Le style AB étant fixé en A, et le point vertical D étant trouvé par la ligne à plomb BD, tirez la méridienne F12. Du point B faites l'angle CBD du complément de l'élévation du pôle, pour avoir en C le centre du cadran. Tirez ensuite du même point B la ligne BF perpendiculaire à l'axe CB ; cette ligne sera le rayon de l'équateur qui vous donnera sur la méridienne le point F de l'équinoxiale EE que vous diviserez par la méthode enseignée (51).

On doit observer : 1° de placer à droite les heures du matin ; 2°. de tirer la ligne de six heures perpendiculaire à la méridienne, et de prolonger au-dessous du centre les lignes trouvées sur l'équinoxiale.

75. — Quoique nous ayons dit (68) que nous ne nous occuperions point du cadran incliné inférieur, parce qu'il est très-peu en usage ; toutefois, si vous désirez, par exemple, le relatif inférieur du précédent, vous le trouverez tout tracé, en renversant la figure de haut en bas, et en la considérant par derrière le papier. D restera le point vertical ; au-dessus du centre C, H sera le point de l'horizontale, l'angle ABC sera l'angle de l'élévation du pôle : tout restera donc le même, excepté que les lignes horaires, qui ne sont ici, pour la plupart, que des prolongemens, seront toutes tirées du centre par les points de division de l'équinoxiale.

Section Seconde.

Decrire le cadran équinoxial.

76. — Lorsque l'inclinaison du plan est égale au complément de l'élévation du pôle, c'est-à-dire, lorsque ce plan est parallèle au plan de l'équateur, le cadran qui s'y construit s'appelle *équinoxial* ou équatorial.

D'un point comme A, pris pour le lieu du style, ou de l'axe — car ils se confondent ici — décrivez une circon- *fig.* 34 férence. Fixez le style au point A perpendiculairement au plan, et laissez tomber de son sommet B le fil à plomb qui vous donnera le point C, par lequel, et par le point A, vous tirerez la méridienne 1212. Divisez ensuite la circonférence en 24 parties égales ; et tirant, du centre, par ces points de division, autant de lignes horaires, le cadran sera achevé. Pour que ce cadran puisse servir toute l'année, il faut qu'il soit double: un sur la face supérieure du plan, et l'autre sur la face inférieure.

Section Troisième.

Décrire un cadran septentrional dont l'inclinaison est moindre que le complément de l'élévation du pôle.

77. — Ayant fixé en A le style AB, et ayant trouvé le point vertical I, tirez la ligne BI, pour avoir en B l'angle *fig.* 35 ABI de l'inclinaison du plan. Du point B faites l'angle IBC du complément de l'élévation du pôle, et vous aurez en C le centre du cadran. Tirez ensuite l'axe CB et le rayon BD, pour avoir en D le point de l'équinoxiale que vous diviserez par la méthode enseignée (51). Le point H de l'horizontale se trouve ici au-delà du centre ; c'est ce qui arrivera toujours, lorsque l'inclinaison sera moindre que le complément de l'élévation du pôle ; comme il arrivera toujours qu'il sera au-dessous de l'équinoxiale, dans le cadran méridional dont l'inclinaison est moindre que l'élévation du pôle.

ARTICLE IV.

DU CADRAN INCLINÉ DÉCLINANT.

C'est ici le cas le plus compliqué de la Gnomonique et celui qui demande le plus d'opérations délicates.

Section première.

Décrire le cadran incliné déclinant du midi.

fig. 36

78. — Ayant déterminé en A le pied du style AB et ayant trouvé le point vertical S qui sera en même temps un point de la méridienne, tirez la verticale du plan FS. Du point B menez à la ligne d'inclinaison BS la perpendiculaire BD qui vous donnera en D le point de l'horizontale HH. Pour trouver sur l'horizontale le second point de la méridienne, portez la ligne BD de D en F, et de ce dernier point faites l'angle DFE ; le point E sera ce second point cherché, par lequel et par le point S vous tirerez la méridienne indéfinie SC. Pour trouver le centre du cadran tirez, du pied du style A, la ligne indéfinie AG perpendiculaire à la méridienne. Ensuite, du point E, avec une ouverture de compas égale à EF, vous couperez cette perpendiculaire au point G, et vous tirerez la ligne EG avec laquelle vous formerez l'angle EGC de l'élévation du pôle qui vous donnera sur la méridienne le point C qui sera le centre cherché. Menez la soustilaire CK, et du point A élevez-lui la perpendiculaire AJ de la longueur du style, pour avoir en J le point de l'axe CJ. Du point J tirez à l'axe la perpendiculaire IJ qui sera le rayon de l'équateur, et qui vous donnera, sur la soustilaire, le point I de l'équinoxiale PR que vous tirerez perpendiculairement à la soustilaire. Si vous désiriez le point de l'équinoxiale

sur la méridienne, il vous serait donné en O par la per- *fig.* 36
pendiculaire que vous tireriez de G sur CG. Portez le rayon
de l'équateur IJ de I en V, pour décrire la demi-circonférence que vous diviserez en arcs de 15 en 15 degrés, à
compter du rayon VO de midi. Ayant ainsi trouvé les
points horaires sur l'équinoxiale par les rayons prolongés,
vous n'avez qu'à tirer du centre, par ces points de division, les lignes des heures, et le cadran sera achevé.

79. — L'angle AGS étant plus grand que l'élévation du
pôle montre que l'inclinaison du plan est plus grande que
cette élévation. Dans le cas contraire, c'est-à-dire, si cet
angle était plus petit que l'élévation du pôle, tout se passerait comme précédemment, excepté que pour trouver le
centre du cadran, qui serait en bas, on ajouterait à l'angle AGS, du côté de GS, le complément de l'élévation du
pôle. Cette observation comprise doit dispenser d'une
figure.

80. — Mais l'inclinaison et la déclinaison peuvent être
telles, que le plan prolongé passe par le pôle même, et
qu'ainsi l'angle AGS soit égal à l'élévation du pôle. Alors
l'axe sera parallèle au plan et à la méridienne, ainsi que
les lignes horaires. Ce cadran sera un *polaire déclinant*
et se construira de cette sorte :

81. — Ayant fixé en A le pied du style AB, et ayant *fig.* 37
trouvé en F le point vertical ; tirez, comme précédemment, la verticale du plan GF, la ligne d'inclinaison BF,
sa perpendiculaire BH, l'horizontale HH' et l'angle de
déclinaison HGH', pour avoir en H', le second point de
la méridienne H'F. Du pied du style A tirez à la méridienne
la perpendiculaire indéfinie EE qui sera l'équinoxiale :
vous tirerez ensuite du même point A la ligne AC, de la
longueur du style, et perpendiculaire à l'équinoxiale, pour
avoir en C le centre diviseur. Après avoir trouvé les points
horaires sur l'équinoxiale par les rayons prolongés de la
demi-circonférence divisée en arcs de 15 degrés, à compter du rayon CD de midi, vous tirerez les lignes horaires
parallèles à la méridienne, et le cadran sera achevé.

Section Seconde.

Du cadran incliné déclinant du nord.

82. — Dans ces sortes de cadrans, il peut également arriver trois cas : ou l'angle AGS fig. 36 sera plus grand que l'élévation du pôle, ou il sera plus petit, ou il lui sera égal : en d'autres termes, ou l'inclinaison du plan sera plus grande que le complément du pôle, où elle sera plus petite, ou elle sera telle, que le plan prolongé rase l'équateur à sa commune section avec le méridien.

Dans les deux premiers cas, les opérations préliminaires étant faites comme au cadran incliné déclinant du midi — sans oublier ce qui a été dit (65), savoir, que l'angle de déclinaison doit toujours se faire du côté vers lequel le plan décline — ; on trouvera le centre du cadran en prenant la différence entre l'angle AGS, et le complément de l'élévation du pôle, c'est-à-dire, dans le premier cas, en retranchant en bas de cet angle ce qui dépasse le complément, et dans le second, en ajoutant, en haut, ce qui lui manque.

85. — Dans le troisième cas, le cadran sera un équinoxial déclinant, dont la soustilaire sera la ligne de six heures et fera un angle droit avec la méridienne. Voici la manière de le décrire :

fig. 38 Par le moyen du style AB ayant trouvé le point vertical F, tirez la verticale du plan DK, la ligne d'inclinaison BF, ainsi que sa perpendiculaire BG, pour avoir en G le lieu de l'horizontale HG. Portez BG de G en D, et faites, de ce dernier point, l'angle de déclinaison GDH, pour avoir en H le second point de la méridienne H12. Du pied du style A tirez à la méridienne la perpendiculaire 6 6 qui sera la soustilaire et qui par son intersection avec la méridienne donnera en C le centre du cadran. Du même point A élevez à la soustilaire la perpendiculaire AO de la longueur du style, pour joindre OC, et tirer sur cette dernière ligne la perpendiculaire OI qui deviendra le rayon de l'équateur. Du point I tirez ensuite à la ligne de six heures la perpendiculaire indéfinie DE que vous prendrez pour équinoxiale, et que vous diviserez en portant le rayon de l'équateur OI, de I en P, et en comptant les degrés à partir du rayon PI de six heures : vous n'aurez plus alors qu'à tirer du centre C, par les points de division trouvés sur l'équinoxiale, les lignes horaires que vous prolongerez au-delà du centre, si besoin en est, comme on le voit dans la figure. *fig*. 38

Quant au cadran incliné déclinant inférieur, nous renvoyons à l'observation que nous avons faite (75).

Section troisième.

Du cadran construit sur un globe.

84. — Une surface sphérique étant donnée, plantez verticalement à son sommet un style de longueur volontaire, qui vous donnera à midi la trace du méridien que vous marquerez et que vous prolongerez vers le sud. A partir du pied du style que vous aurez enlevé, prenez du méridien, vers le nord, un arc égal au complément de la latitude, pour avoir le point du pôle ; et vers le sud, un arc égal à la latitude, pour avoir le point de l'équateur. Par ce dernier point tracez une circonférence perpendiculaire à celle du méridien ; ce sera l'équateur ou la ligne équinoxiale. Vous partagerez cette circonférence en arcs de 15 degrés, à partir de son point d'intersection avec le méridien. Après cela, vous tracerez d'une manière bien visible l'équateur et ses points de division ; vous marquerez le N° 6 au point d'intersection du méridien et de l'équateur ; le N° 7, 8, etc., à la première, seconde division de gauche ; le N° 5, 4, etc., à la première, seconde division de droite, et le cadran sera achevé : car l'heure sera donnée, sur l'équateur, par le bord de l'ombre du globe lui-même.

CHAPITRE V.

DE LA

MÉRIDIENNE DU TEMPS MOYEN.

85. — Cette loi des corps célestes exprimée (17) en
fig. 12 ces termes : *Les rayons vecteurs des planètes décrivent des aires proportionnelles aux temps*, signifie — pour ce qui nous concerne — que la terre va plus ou moins vite, selon qu'elle est plus ou moins rapprochée du soleil. Ainsi la terre T mettra moins de temps à parcourir BD que DA, quoique ces deux courbes soient égales. Cette inégalité de vitesse dans le mouvement de translation de la terre doit faire varier le temps que le soleil paraît employer chaque jour pour revenir au méridien.

« Pour donner une idée plus précise de cette inégalité dans la longueur des jours, supposons une pendule parfaitement construite et parfaitement réglée, enfin telle, que si le 24 décembre elle marque midi au moment où le soleil passe au méridien, elle se retrouve au bout d'un an juste avec le soleil à midi. Une pareille pendule marquera des heures et des jours parfaitement égaux entr'eux. Ainsi cette pendule tantôt avancera, tantôt retardera sur le soleil, ou, en d'autres termes, elle ne marquera pas constamment midi au moment où le soleil passera au méridien : mais au bout de l'année, l'avance et le retard seront compensés, et, le 24 décembre suivant la pendule et le soleil indiqueront midi ensemble. Le temps que marquerait une pareille pendule est ce qu'on appelle le *temps moyen* ; le temps indiqué par le passage du soleil au méridien est le *temps vrai*. Ainsi, lorsqu'on dit qu'une montre va comme le soleil, on ne donne pas une grande idée de sa bonté, puisque au contraire une montre pour être bonne doit tantôt avancer, tantôt retarder sur le soleil (*) »

86. — Voici en général la marche de ces différences dans le cours de l'année.

Vers le 24 décembre le temps moyen et le temps vrai coïncident. A partir de cette époque, la pendule avance chaque jour sur le soleil, ce qui, vers le 11 février produit une différence totale de 14' 32". Ainsi le 11 février, une bonne pendule doit marquer 12 h. 14' et une trentaine de secondes, lorsqu'il est midi à un cadran solaire.

Après le 11 février le temps moyen se rapproche du vrai et ils coïncident le 15 avril. A compter de cette époque, la pendule commencera à retarder sur le soleil ; vers le 15 mai, le temps accumulé donne une différence totale de 3' 54" qui diminue ensuite ; et vers le 15 juin les temps coïncident encore. Alors la pendule avance de nouveau sur le soleil ; et, vers le 26 juillet, l'avance totale est de 6' 12". La pendule se rapproche ensuite du temps vrai, et l'accord a lieu le premier septembre. A partir de cette époque, la pendule retarde de plus en plus jusqu'au 3 novembre où elle se trouve de 16' 19" en retard ; après quoi le retard diminue jusqu'au 24 décembre où l'accord se rétablit.

La méridienne du temps moyen est fort utile et très-commode pour bien régler une montre, une pendule ou une horloge, sans avoir recours aux *tables d'équation*. Voici la méthode de la construire :

87. — Je suppose déjà tracé un cadran vertical méri- *fig*. 39 dional, sur lequel on désire la méridienne du temps moyen. La ligne IH est la méridienne du temps vrai, AC le style, CO le rayon de l'équateur, EE l'équinoxiale dont le centre diviseur est en B, et IG l'axe qui ne doit pas dépasser le sommet du style.

Prolongez indéfiniment le rayon de l'équateur, par la

(*) PERDREAU, *Notions élémentaires d'Astronomie*, page 94.

fig. 39 ligne OG, et du point C, avec une ouverture arbitraire de compas, décrivez, de part et d'autre du rayon prolongé, les arcs GD, GF de 23°28' chacun, ou de la déclinaison du soleil. Tirez les lignes CD, CF, et divisez en minutes la partie de l'équinoxiale comprise entre la demie de 11 heures et celle de midi. — Si la division n'est ici que de 5 en 5 minutes, c'est pour éviter toute confusion dans la figure. —

Pour plus de facilité, et pour n'être pas obligé d'avoir à tout instant le rapporteur à la main, marquez les 23°28' sur les deux arcs GD, GF, à compter du point G ; après quoi vous ferez usage de la table de la déclinaison du soleil et de celle de la différence des temps en cette sorte :

Prenez pour point de départ le 24 décembre, jour où les temps sont égaux : ce point vous sera donné sur la méridienne un peu au-dessous de la ligne CD, en appliquant une règle sur C et sur la 26me minute du 23me degré de déclinaison australe ; car telle est la déclinaison du soleil au 24 décembre.

Le point de départ étant fixé, choisissez un jour à volonté, mais à quelque intervalle de là, le 15 janvier, par exemple. La table vous donnera, pour ce jour là, une déclinaison australe de 21°9' et une avance du temps moyen sur le temps vrai de 9'41". Pour exprimer l'une et l'autre, c'est-à-dire, pour trouver précisément le point de la méridienne du temps moyen au 15 janvier, appliquez un bout de votre règle sur C et l'autre un peu au-dessus du 21me degré, si les minutes ne sont pas marquées ; la méridienne sera alors coupée en un point que vous noterez, et par lequel vous tirerez à la méridienne la petite perpendiculaire indéfinie I. Vous poserez ensuite un bout de la règle sur le centre I du cadran et l'autre un peu au-delà de la 9me minute marquée sur l'équinoxiale, à partir du point O ; la petite perpendiculaire sera alors coupée en un point J qui sera le véritable point de la méridienne du temps moyen pour le 15 janvier. Observez que si le cadran était horizontal, ce serait de l'autre côté de la méridienne qu'il faudrait commencer.   *fig.* 39

En répétant la même opération pour le 11 février, vous trouverez que la déclinaison de 14° 4' combinée avec la différence des temps qui est de 14' 32" vous donnera au n° 2 le second point de votre méridienne. Le 20 mars, jour de l'équinoxe du printemps, la déclinaison étant à-peu-près nulle, vous prendrez sur l'équinoxiale les 7' 38" de la différence des temps, et le n° 3 sera votre 3me point. Le 15 avril la déclinaison boréale est de 9° 48' et la différence des temps est nulle : vous trouverez alors le 4me point sur la méridienne, en appliquant votre règle sur C et sur la 48me minute du 9me degré. Après cela, si à partir du point de départ dont nous avons parlé, vous faites passer une courbe par les points 1, 2, 3 et 4, vous aurez tracé le quart de votre méridienne.

88. — Comme à partir du 15 avril le temps moyen est en retard, la méridienne qui le représente doit passer à droite de celle du temps vrai. Continuant toujours la même opération, vous trouverez que le 15 mai la déclinaison étant de 18 degrés 53 minutes, et la différence des temps se trouvant de 3' 54", c'est par le point 5 que votre méridienne devra se continuer. Le 15 juin les temps coïncidant, le 6me point vous sera donné, sur la méridienne, par la déclinaison de 23° 20'. Le 21 juin, jour de la plus grande déclinaison boréale, le temps moyen se trouve en avance de 1' 22" ; vous prendrez donc à gauche de la méridienne le 7me point, et vous continuerez par les N°s 4, 5, 6 et 7, le tracé de la courbe.

Rétrogradant de bas en haut, vous la terminerez au n° 16 du 21 décembre, jour de la plus grande déclinaison boréale, après en avoir trouvé les points, savoir : les n°s 8 pour le 15 juillet, 9 pour le 1er août, 10 pour le 15 septembre, 11 pour le 1er septembre, 12 pour le 15 septembre, 13 pour le 22 septembre, 14 pour le 15 octobre, et 15 pour le 3 novembre, jour de la plus grande différence des temps. —

89. — Je dois faire observer : 1° que dans les jours de grande déclinaison, l'ombre du style décrivant une courbe assez sensible, même aux environs de midi, il serait à propos, pour plus de précision, de faire pencher tant soit peu la petite perpendiculaire du côté de CD pour les mois d'hiver, et du côté de CF pour les mois d'été ; 2° que dans les plans d'une grande dimension, il est convenable d'écrire le long et en dehors de la méridienne du temps moyen, le nom des mois, et même d'y noter la division des jours au moins de 5 en 5 ou de 10 en 10, afin que le spectateur puisse facilement y régler sa montre.

90. — Je termine par cette observation générale. Défiez-vous de tout cadran portatif, de quelque nom qu'on le décore. Le moins imparfait ne vous donnerait que des *à-peu-près*, et non l'exactitude rigoureuse.

TABLE de la déclinaison du Soleil pour tous les jours de l'année, avec la différence du temps moyen au temps vrai.

			JANVIER.		
1	23°	1' (Austr.)	Midi.	3'	47''
2	22	56	«	4	15
3	22	51	«	4	36
4	22	45	«	5	11
5	22	38	«	5	38
6	22	31	«	6	4
7	22	24	«	6	31
8	22	16	«	6	57
9	22	8	«	7	22
10	22	..	«	7	48
11	21	50	«	8	11
12	21	40	«	8	34
13	21	30	«	8	55
14	21	18	«	9	19
15	21	9	«	9	41
16	20	58	«	10	1
17	20	46	«	10	22
18	20	34	«	10	41
19	20	22	«	11	..
20	20	9	«	11	18
21	19	56	«	11	35
22	19	39	«	11	52
23	19	29	«	12	7
24	19	14	«	12	23
25	19	..	«	12	37
26	18	45	«	12	50
27	18	30	«	13	2
28	18	14	«	13	14
29	17	58	«	13	25
30	17	42	«	13	35
31	17	25	«	13	44

FÉVRIER.

1	17°	8' (Aust.)	Midi.	13'	53"
2	16	51	.	14	..
3	16	34	.	14	7
4	16	16	.	14	13
5	15	58	.	14	18
6	15	39	.	14	23
7	15	21	.	14	26
8	15	2	.	14	29
9	14	43	.	14	31
10	14	23	.	14	32
11	14	4	.	14	32
12	13	44	.	14	32
13	13	24	.	14	31
14	13	3	.	14	29
15	12	41	.	14	26
16	12	22	.	14	23
17	12	1	.	14	19
18	11	40	.	14	14
19	11	20	.	14	8
20	10	58	.	14	2
21	10	36	.	13	55
22	10	15	.	13	48
23	9	53	.	13	39
24	9	31	.	13	33
25	9	8	.	13	21
26	8	46	.	13	11
27	8	23	.	13	1
28	8	1	.	12	50
29	7	47	.	12	48

MARS.

1	7°	33' (Austr.)	Midi.	12'	35"
2	7	10	«	12	23
3	6	47	»	12	10
4	6	24	«	11	57
5	6	1	«	11	43
6	5	37	«	11	29
7	5	14	«	11	15
8	4	51	»	11	..
9	4	27	»	10	45
10	4	4	«	10	29
11	3	40	»	10	14
12	3	17	»	9	57
13	2	58	»	9	41
14	2	29	»	9	24
15	2	6	«	9	7
16	1	42	»	8	49
17	1	18	»	8	32
18	0	55	»	8	14
19	0	31	«	7	56
20	0	3	«	7	38
21	0	16 (Bor.)	«	7	20
22	0	40	»	7	4
23	1	4	«	6	43
24	1	27	»	6	25
25	1	51	»	6	6
26	2	14	»	5	48
27	2	38	»	5	29
28	3	1	«	5	15
29	3	25	«	4	52
30	3	48	»	4	34
31	4	11	»	4	16

AVRIL.					
1	4°	35' (Bor.)	Midi.	3'	51''
2	4	58	.	3	39
3	5	21	.	3	21
4	5	39	.	3	3
5	6	6	.	2	46
6	6	29	.	2	28
7	6	51	.	2	11
8	7	14	.	1	52
9	7	36	.	1	39
10	7	58	.	1	20
11	8	21	.	1	14
12	8	45	.	0	48
13	9	5	.	0	32
14	9	26	.	0	17
15	9	48	.	0	7
16	10	9	11 h.	59	47
17	10	30	.	59	33
18	10	54	.	59	19
19	11	11	.	59	5
20	11	32	.	58	52
21	11	53	.	58	39
22	12	13	.	58	27
23	12	33	.	58	15
24	12	53	.	58	4
25	13	13	.	57	53
26	13	32	.	57	42
27	13	52	.	57	32
28	14	11	.	57	23
29	14	29	.	57	14
30	14	48	.	57	6

MAI.

1	15°	16' (Bor.)	11 h.	56'	57"
2	15	24	.	56	50
3	15	42	.	56	43
4	15	59	.	56	37
5	16	16	.	56	32
6	16	33	.	56	27
7	16	50	.	56	22
8	17	7	.	56	18
9	17	23	.	56	15
10	17	39	.	56	12
11	17	54	.	56	10
12	18	9	.	56	8
13	18	24	.	56	7
14	18	39	.	56	6
15	18	53	.	56	6
16	19	7	.	56	7
17	19	21	.	56	8
18	19	34	.	56	10
19	19	47	.	56	12
20	20	..	.	56	15
21	20	12	.	56	18
22	20	27	.	56	22
23	20	36	.	56	27
24	20	47	.	56	32
25	20	58	.	56	37
26	21	9	.	56	43
27	21	19	.	56	50
28	21	29	.	56	56
29	21	38	.	57	4
30	21	47	.	57	12
31	21	56	.	57	20

JUIN.

1	22°	4' (Bor.)	11 h.	57'	29"
2	22	12	.	57	38
3	22	20	.	57	48
4	22	27	.	57	58
5	22	34	.	58	8
6	22	40	.	58	18
7	22	46	.	58	29
8	22	52	.	58	40
9	22	57	.	58	52
10	23	2	.	59	4
11	23	6	.	59	16
12	23	10	.	59	28
13	23	14	.	59	40
14	23	17	.	59	52
15	23	20	Midi.	..	5
16	23	22	.	..	18
17	23	24	.	..	30
18	23	25	.	..	43
19	23	26	.	..	59
20	23	27	.	1	9
21	23	28	.	1	22
22	23	27	.	1	35
23	23	27	.	1	48
24	23	26	.	2	1
25	23	24	.	2	14
26	23	23	.	2	27
27	23	20	.	2	39
28	23	18	.	2	51
29	23	15	.	3	4
30	23	11	.	3	15

JUILLET.					
1	23°	7' (Bor.)	Midi.	3'	27"
2	23	3	.	3	39
3	22	57	.	3	53
4	22	54	.	4	1
5	22	48	.	4	12
6	22	42	.	4	22
7	22	36	.	4	32
8	22	30	.	4	41
9	22	22	.	4	50
10	22	15	.	4	59
11	22	7	.	5	8
12	21	59	.	5	15
13	21	51	.	5	23
14	21	42	.	5	30
15	21	33	.	5	36
16	21	23	.	5	42
17	21	13	.	5	47
18	21	3	.	5	53
19	20	52	.	5	57
20	20	41	.	6	..
21	20	29	.	6	4
22	20	17	.	6	7
23	20	5	.	6	9
24	19	53	.	6	10
25	19	40	.	6	11
26	19	27	.	6	12
27	19	14	.	6	12
28	19	..	.	6	11
29	18	46	.	6	10
30	18	31	.	6	8
31	18	17	.	6	5

AOUT.

			Midi.		
1	18°	2' (Bor.)	.	6'	2"
2	17	44	.	5	58
3	17	31	.	5	54
4	17	15	.	5	49
5	16	59	.	5	43
6	16	45	.	5	37
7	16	23	.	5	30
8	16	9	.	5	23
9	15	52	.	5	15
10	15	35	.	5	6
11	15	17	.	4	57
12	14	59	.	4	48
13	14	41	.	4	38
14	14	22	.	4	27
15	14	4	.	4	15
16	13	45	.	4	3
17	13	26	.	3	51
18	13	6	.	3	38
19	12	47	.	3	25
20	12	27	.	3	11
21	12	7	.	2	57
22	11	47	.	2	42
23	11	27	.	2	26
24	11	5	.	2	11
25	10	46	.	1	55
26	10	25	.	1	38
27	10	4	.	1	22
28	9	43	.	1	4
29	9	21	.	..	47
30	9	..	.	..	29
31	8	38	.	..	11

SEPTEMBRE.

1	8°	15' (Bor.)	11 h.	59'	52"
2	7	55	.	59	33
3	7	33	.	59	14
4	7	11	.	58	54
5	6	48	.	58	35
6	6	26	.	58	15
7	6	4	.	57	55
8	5	41	.	57	35
9	5	18	.	57	14
10	4	56	.	56	53
11	4	33	.	56	33
12	4	10	.	56	12
13	3	47	.	55	51
14	3	24	.	55	30
15	3	1	.	55	9
16	2	38	.	54	37
17	2	15	.	54	20
18	1	51	.	54	5
19	1	28	.	53	44
20	1	5	.	53	23
21	.	41	.	53	2
22	.	18	.	52	41
23	.	6 (Austr.)	.	52	20
24	.	29	.	51	59
25	.	52	.	51	39
26	1	16	.	51	19
27	1	39	.	50	58
28	2	3	.	50	38
29	2	26	.	50	19
30	2	49	.	49	59

OCTOBRE.

1	3°	13' (Austr.)	11 h.	49'	40''
2	3	36	.	49	21
3	3	59	.	49	3
4	4	23	.	48	44
5	4	46	.	48	26
6	5	9	.	48	9
7	5	32	.	47	47
8	5	57	.	47	35
9	6	18	.	47	13
10	6	40	.	47	3
11	7	3	.	46	47
12	7	26	.	46	33
13	7	48	.	46	18
14	8	11	.	46	4
15	8	33	.	45	50
16	8	55	.	45	38
17	9	17	.	45	26
18	9	39	.	45	14
19	10	1	.	45	3
20	10	23	.	44	52
21	10	44	.	44	43
22	11	6	.	44	34
23	11	27	.	44	25
24	11	42	.	44	19
25	12	8	.	44	11
26	12	29	.	44	4
27	12	49	.	43	59
28	13	9	.	43	54
29	13	29	.	43	50
30	13	49	.	43	47
31	14	9	.	43	44

NOVEMBRE.

1	14°	28' (Aust.)	11 h.	43'	42"
2	14	47	.	43	42
3	15	6	.	43	41
4	15	25	.	43	42
5	15	43	.	43	44
6	16	2	.	43	46
7	16	19	.	43	49
8	16	37	.	43	53
9	16	54	.	43	59
10	17	11	.	44	4
11	17	28	.	44	11
12	17	44	.	44	18
13	18	..	.	44	27
14	18	16	.	44	36
15	18	32	.	44	45
16	18	47	.	44	56
17	19	1	.	45	8
18	19	16	.	45	20
19	19	30	.	45	34
20	19	44	.	45	48
21	19	58	.	46	3
22	20	10	.	46	19
23	20	23	.	46	35
24	20	35	.	46	53
25	20	47	.	47	11
26	20	59	.	47	30
27	21	10	.	47	50
28	21	21	.	48	10
29	21	31	.	48	31
30	21	41	.	48	52

DÉCEMBRE.

1	21°	50' (Austr.)	11 h.	49'	15''
2	21	59	.	49	38
3	22	8	.	50	2
4	22	16	.	50	26
5	22	24	.	50	50
6	22	31	.	51	16
7	22	38	.	51	42
8	22	45	.	52	8
9	22	51	.	52	35
10	22	57	.	53	2
11	23	2	.	53	30
12	23	5	.	53	58
13	23	10	.	54	26
14	23	14	.	54	55
15	22	18	.	55	24
16	23	20	.	55	53
17	23	23	.	56	22
18	23	24	.	56	52
19	23	26	.	57	22
20	23	27	.	57	52
21	23	28	.	58	22
22	23	27	.	58	52
23	23	27	.	59	22
24	23	26	.	59	28
25	23	24	Midi.	..	21
26	23	23	.	..	51
27	23	20	.	1	21
28	23	17	.	1	51
29	23	14	.	2	20
30	23	10	.	2	50
31	23	6	.	3	18

POSITION GÉOGRAPHIQUE
DES CHEFS-LIEUX D'ARRONDISSEMENTS
DE L'EMPIRE FRANÇAIS.

DÉPART.	CHEFS-LIEUX.	LATITUDE.		LONGITUDE.		ÉLÉVATION au dessus de la mer.
AIN.	Bourg.	46°	12'	2°	53' (E)	227 Mètr.
	Belley.	45	45	3	21	278
	Nantua.	46	9	3	16	480
	Gex.	46	20	3	43	647
	Trevoux.	45	56	2	26	258
AISNE.	Laon.	49	33	1	17 (E)	180
	Soissons.	49	22	0	59	49
	St-Quentin.	49	50	0	57	104
	Chat-Thierry.	49	2	1	3	77
ATLIER.	Moulins.	46	33	0	59 (E)	226
	Gannat.	46	6	0	51	347
	Lapalisse.	46	14	1	18	280
	Montluçon.	46	20	0	16	227
BASSES ALPES.	Digne.	44	5	3	54 (E)	..
	Barcelonnette	44	25	4	10	..
	Castellane.	43	50	4	6	..
	Forcalquier.	43	57	3	26	550
	Sisteron.	44	11	3	36	577

DÉPART.	CHEFS-LIEUX.	LATITUDE.		LONGITUDE.		ÉLÉVATION.
H^{es}-ALPES.	Gap.	44°	33'	3°	44'(e)	782 Mètr.
	Briançon.	44	54	4	18	1321
	Embrun.	44	33	4	9	919
ARDÈCHE.	Privas.	44	44	2	15(e)	322
	Largentière.	44	32	1	57	224
	Tournon.	45	4	2	29	116
ARDENNES.	Mezière.	49	45	2	22(e)	171
	Rethel.	49	30	2	1	90
	Rocroy.	49	55	2	11	390
	Sedan.	49	42	2	36	157
	Vousiers.	49	23	2	22	109
ARIÈGE.	Foix.	42	57	0	43(o)	454
	Pamiers.	43	6	0	43	286
	St. Girons.	42	59	1	11	389
AUBE.	Troyes.	48	18	1	44(e)	110
	Arcis-s.-Aube	48	32	1	48	95
	Nogent-s-seine	48	29	1	9	71
	Bar-s.-aube.	48	14	2	22	166
	Bar-s.-seine.	48	6	2	2	158
AUDE.	Carcassonne.	43	12	0	0(e)	103
	Limoux.	43	3	0	7(o)	163
	Narbonne.	43	11	0	40(e)	13
	Castelnaudary	43	19	0	22(o)	185

DÉPART.	CHEFS-LIEUX.	LATITUDE.		LONGITUDE.		ÉLÉVATION.
AVEYRON.	Rodez.	44°	21'	0°	14'(e)	632 Mètr.
	Espalion.	44	31	0	25	342
	Milhau.	44	5	0	44	368
	St.-Afrique.	43	57	0	32	325
	Villefranche.	44	21	0	17(o)	267
B^ces-DU-RHÔNE.	Marseille N.D de la Garde.	43	17	3	2(e)	161
	Aix.	43	31	3	6	204
	Arles.	43	40	2	17	17
CALVADOS.	Caen.	49	11	2	41(o)	25
	Falaise.	48	53	2	32	133
	Bayeux.	49	16	3	2	46
	Vire.	48	50	3	13	177
	Liseux.	49	8	2	6	49
	Pt.-l'Évêque.	49	17	2	9	13
CANTAL.	Aurillac.	44	55	0	6(e)	622
	Mauriac.	45	13	0	0	698
	Murat.	45	6	0	31	937
	St.-Flour.	45	2	0	45	883
CHARENTE.	Angoulême.	45	39	2	11(o)	91
	Cognac.	45	41	2	39	30
	Ruffec.	46	1	2	8(o)	110
	Barbezieux.	45	28	2	29	121
	Confolens.	46	0	1	39	183

DÉPART.	CHEFS-LIEUX.	LATITUDE.		LONGITUDE.		ÉLÉVATION.	
CHARENTE INFÉR.ᵉ	La Rochelle.	46°	9'	3°	29'	8	Mètr.
	Rochefort.	45	56	3	18	15	
	Marennes.	45	49	3	26	10	
	Saintes.	45	44	2	58	27	
	Jonzac.	45	26	2	46	58	
	St-jean-d'Angely.	45	56	2	51	24	
CHER.	Bourges.	47	4	0	3(e)	156	
	Sancerre.	47	19	0	30	306	
	St.-Amand.	46	43	0	10	165	
CORRÈZE.	Tulle.	45	16	0	33(o)	214	
	Brives.	45	9	0	48	117	
	Ussel.	45	32	0	1	639	
CORSE.	Ajaccio.	41	55	6	24(e)	. .	
	Sartène.	41	18	6	46	. .	
	Bastia.	42	41	7	6	. .	
	Calvi.	42	34	6	25	. .	
	Corte.	42	18	6	49	. .	
COTE-D'OR.	Dijon.	47	19	2	41(e)	245	
	Beaune.	47	1	2	30	220	
	Châtillon-s-seine.	47	51	2	13(e)	231	
	Semur.	47	30	2	0	422	

DÉPART.	CHEFS-LIEUX.	LATITUDE.		LONGITUDE.		ÉLÉVATION.	
COTES DU NORD.	St-Brieuc.	48°	30'	5°	6'(o)	88	Mètr.
	Dinan.	48	27	4	22	73	
	Loudeac.	48	10	5	5	161	
	Lannion.	48	44	5	48	23	
	Guingamp.	48	33	5	29	44	
CREUZE.	Gueret.	46	10	0	28(o)	445	
	Aubusson.	45	57	0	10	456	
	Bourganeuf.	45	57	0	34	448	
	Boussac.	46	20	0	7	379	
DORDOGNE.	Perigueux.	45	11	1	36(o)	97	
	Bergerac.	44	51	1	51	32	
	Nontron.	45	31	1	40	207	
	Riberac.	45	15	2	0	103	
	Sarlat.	44	53	1	7	137	
DOUBS.	Besançon.	47	13	3	41(E)	251	
	Pontarlier.	46	54	4	1	837	
	Baume-les-D.	47	22	4	1	531	
	Montbéliard.	47	30	4	27	322	
DROME.	Valence.	44	56	2	33(E)	128	
	Montélimart.	44	33	2	24	64	
	Die.	44	45	3	2 E)	443	
	Nyons.	44	21	2	48	276	

DÉPART.	CHEFS-LIEUX.	LATITUDE.		LONGITUDE.		ÉLÉVATION.
EURE.	Evreu.	49°	1'	1° 11'	(o)	66 Mètr.
	Louviers.	49	12	1	10	16
	Les Andelys.	49	14	0	56	12
	Bernay.	49	5	1	44	105
	Pont-audemer	49	21	1	49	7
EURE-ET-LOIR.	Chartres.	48	26	0	50 (o)	157
	Châteaudun.	48	4	1	0	143
	Dreux.	48	44	0	58	136
	Nogent-le-Rotrou.	48	19	1	31	105
FINISTÈRE.	Quimper.	47	59	6	26 (o)	6
	Brest.	48	23	6	49	33
	Châteaulin.	48	11	6	26	141
	Morlaix.	48	34	6	10	53
	Quimperlé.	47	52	5	53	30
GARD.	Nimes.	43	50	2	0 (e)	46
	Alais.	44	7	1	44	..
	Uzès.	44	0	2	4	138
	Le vigan.	43	59	1	16	..
GARONNE.	Toulouse.	43	36	0	53 (o)	139
	Villefranche.	43	23	0	37	173
	Muret.	43	27	1	0 (o)	164
	St.-Gaudens.	43	6	1	36	404

DÉPART.	CHEFS-LIEUX.	LATITUDE.	LONGITUDE.	ÉLÉVATION.
GERS.	Auch.	43° 38'	1° 45'(o)	166 Mètr.
	Lectoure.	43 56	1 42	180
	Mirande.	43 30	1 56	166
	Condom.	43 57	1 57	84
	Lombez.	43 28	1 25	165
GIRONDE.	Bordeau.	44 50	2 54(o)	6
	Blaye.	45 7	3 0	17
	Lesparre.	45 18	3 16	4
	Libourne.	44 55	2 35	...
	Bazas.	44 25	2 32	79
	La réole.	44 35	2 22	44
HÉRAULT.	Montpellier.	43 36	1 32(E)	44
	Béziers.	43 20	0 58	69
	Lodève.	43 43	0 58	174
	St.-Pons.	43 31	0 23	1035
ILLE-ET-VILAINE.	Rennes.	48 6	4 0(o)	53
	Fougères.	48 21	3 32	136
	Montfort.	48 8	4 17	44
	St.-Malo.	48 39	4 21	14
	Vitré.	48 7	3 32	110
	Redon.	47 39	4 25	12

DÉPART.	CHEFS-LIEUX.	LATITUDE.	LONGITUDE.	ÉLÉVATION.
INDRE.	Châteauroux.	46° 48'	0° 32'(o)	158 Mètr.
	Le Blanc.	46 37	1 16	108
	Issoudun.	46 56	0 20	148
	La châtre.	46 34	0 20	226
INDRE-ET-LOIRE.	Tours.	47 23	1 38(o)	55
	Chinon.	47 10	2 5	82
	Loches.	47 7	1 20	89
ISÈRE.	Grenoble.	45 11	3 23(E)	483
	Latour du pin	45 33	3 6	319
	St. Marcelin.	45 9	2 59	287
	Vienne.	45 31	2 32	150
JURA.	Lons-le-saulnier.	46 40	3 13(E)	257
	Poligny.	46 50	3 22	324
	St. Claude.	46 23	3 31	436
	Dôle.	47 5	3 9	224
LANDES.	Mont-de-Marsan.	43 53	2 50(o)	42
	St.-Sever.	43 45	2 54	100
	Dax.	43 42	3 24	39
LOIR-ET-CHER.	Blois.	47 35	1 0(o)	102
	Romorantin.	47 21	0 35	85
	Vendôme.	47 47	1 16	84

DÉPART.	CH.-LIEUX.	LATITUDE.		LONGITUDE.		ÉLÉVATION.
LOIRE.	Montbrison.	45°	36'	1°	43'(E)	394 Mètr.
	Roanne.	46	2	1	44	285
	St.-Etienne.	45	26	2	3	540
LOIRE. (H^{te})	Le Puy.	45	2	1	32(E)	685
	Yssengeaux.	45	8	1	47	860
	Brioude.	45	17	1	2	447
LOIRE INFÉR^{re}.	Nantes.	47	13	3	53(O)	18
	Ancenis.	47	22	3	30	19
	Chateaubriant	47	43	3	42	62
	Paimbœuf.	47	17	4	22	8
	Savenay.	47	21	4	17	52
LOIRET.	Orléans.	47	54	0	25(O)	116
	Pithiviers.	48	10	0	4	119
	Gien.	47	41	0	17(E)	152
	Montargis.	47	59	0	23	116
LOT.	Cahors.	44	26	0	53(O)	123
	Figeac.	44	36	0	8	224
	Gourdon.	44	44	0	57	257
LOT et GARONE.	Agen.	44	12	1	43'(O)	42
	Marmande.	44	29	2	10	24
	Villeneuve-d'agen	44	24	1	37	55
	Nérac.	44	8	2	0	59

DÉPART.	CHEFS-LIEUX.	LATITUDE.		LONGITUDE.		ÉLÉVATION.
LOZÈRE.	Mende.	44°	31'	1°	9' (e)	739 Mètr.
	Florac.	44	19	1	15	628
	Marvejols.	44	33	0	57	640
MAINE-ET-LOIRE.	Angers.	47	28	2	53 (o)	47
	Baugé.	47	32	2	26	58
	Cholet.	46	19	3	9	. .
	Saumur.	47	15	2	24	77
	Segré.	47	41	3	12	45
MANCHE.	St.-Lo.	49	6	3	25 (o)	33
	Coutances.	49	2	3	46	91
	Valognes.	49	30	3	48	30
	Cherbourg.	49	39	3	58	5
	Avranches.	48	41	3	42	103
	Mortain.	48	38	3	16	215
MARNE.	Chalons-s-marne	48	57	2	1 (e)	81
	Epernay.	49	2	1	36	81
	Reims.	49	15	1	41	86
	Ste.-Menehould.	49	5	2	33	138
	Vitry-le-Français.	48	43	2	15	101
MARNE H^{te}.	Chaumont.	48	6	2	48 (e)	324
	Langres.	47	51	2	59	473
	Vassy.	48	30	2	36	180

DÉPART.	CHEFS-LIEUX.	LATITUDE.		LONGITUDE.		ÉLÉVATION.
MAYENNE.	Laval.	48°	4'	3°	6' (o)	74 Mètr.
	Mayenne.	48	18	2	57	101
	Château-Gonthier	47	49	3	2	58
MEURTHE.	Nancy.	48	41	3	51 (E)	199
	Château-salins.	48	50	4	7	334
	Lunéville.	48	35	4	9	234
	Sarrebourg.	48	44	4	42	250
	Toul.	48	40	3	33	216
MEUSE.	Bar-le-Duc.	48	46	2	49 (E)	239
	Commercy.	48	45	3	15	243
	Montmédy.	49	31	3	1	293
	Verdun.	49	9	2	59	314
MORBIHAN.	Vannes.	47	39	5	5 (o)	18
	Pontivy.	48	4	5	18	55
	Lorient.	47	44	5	41	19
	Ploërmel.	47	55	4	44	76
MOSELE.	Metz.	49	7	3	50 (E)	177
	Thionville.	49	21	3	49	155
	Briey.	49	14	3	36	257
	Parreguemines.	49	6	4	43	202
NIÈVRE.	Nevers.	46	59	0	49 (E)	200
	Château chinon.	47	3	1	35	551
	Clamecy.	47	27	1	10 (E)	157
	Cosne.	47	24	0	35	153

DÉPART.	CHEFS-LIEUX.	LATITUDE.		LONGITUDE.		ÉLÉVATION.
NORD.	Lille.	50°	38'	0°	43'(E)	23 Mètr.
	Douai.	50	22	0	44	23
	Dunkerque.	51	2	0	2	7
	Hazebrouck.	50	43	0	11	17
	Avesne.	50	7	1	35	172
	Cambrai.	50	10	0	53	53
	Valenciennes.	50	21	1	11	25
OISE.	Beauvais.	49	26	0	15(O)	70
	Clermont.	49	22	0	4(E)	118
	Compiègne.	49	25	0	29	47
	Senlis.	49	12	0	14	74
ORNE.	Alençon.	48	25	2	14(O)	136
	Domfront.	48	35	2	59	215
	Mortagne.	48	31	1	47	258
	Argentan.	48	44	2	21	166
PAS DE CALAIS.	Arras.	50	17	0	26(E)	66
	Béthune.	50	31	0	18	31
	St.-Omer.	50	44	0	5(O)	23
	St.-Pol.	50	22	0	0	90
	Boulogne.	50	43	0	43	58
	Montreuil.	50	27	0	34	48

DÉPART.	CHEFS-LIEUX.	LATITUDE.		LONGITUDE.		ÉLÉVATION.
PUY DE DOME.	Clermont-Ferrand	45°	46'	0°	44'(E)	407 Mètr.
	Ambert.	45	33	1	24	531
	Issoire.	45	32	0	54	399
	Riom.	45	53	0	46	357
	Thiers.	45	51	1	12	399
PYRÉNÉES (B).	Pau.	43	17	2	42(o)	207
	Oloron.	43	11	2	56	272
	Orthez.	43	29	3	6	105
	Bayonne.	43	29	3	48	11
	Mauléon.	43	13	3	13	214
PYRÉNÉES (H).	Tarbes.	43	14	2	16(o)	309
	Argelez.	43	0	2	26	466
	Bagnères.	43	3	2	11	551
PYRÉNÉES (O).	Perpignan.	42	41	0	33(E)	41
	Ceret.	42	29	0	24	170
	Prades.	42	37	0	5	348
RHIN (B).	Strasbourg.	48	34	5	24(E)	144
	Saverne.	48	44	5	1	205
	Schélestadt.	48	15	5	7	172
	Veissembourg	49	2	5	36	164
RHIN (H).	Colmar.	48	4	5	1(E)	195
	Belfort.	47	38	4	31	363
	Mulhouse.	47	54	4	59	..

DÉPART.	CHEFS-LIEUX.	LATITUDE.		LONGITUDE.		ÉLÉVATION.
RHONE.	Lyon.	45°	45'	2°	29'(e)	295 Mètr.
	Ville-franche.	45	59	2	22	182
SAONE (H).	Vesoul.	47	37	3	49(e)	234
	Gray.	47	26	3	15	220
	Lure.	47	41	4	9	294
SAONE ET LOIRE.	Macon.	46	18	2	29(e)	184
	Autun.	46	56	1	57	379
	Charolles.	46	26	1	56	302
	Chalon-s-saône.	46	46	2	30	178
	Louhans.	46	37	2	53	181
SARTHE.	Le Mans.	48	0	2	8(o)	76
	Mamers.	48	21	1	58	128
	St.-Calais.	47	55	1	35	103
	La flèche.	47	42	2	24	32
SEINE.	Paris. (panthéon.)	48	50	0	0(e)	60
	St.-Denis.	48	56	0	1	33
	Sceaux.	48	46	0	2(o)	97
SEINE ET MARNE.	Melun.	48	32	0	19(e)	69
	Fontainebleau.	48	24	0	21	79
	Meaux.	48	57	0	32	58
	Coulommiers	48	48	0	44	70
	Provins.	48	33	0	57	136

DÉPART.	CHEFS-LIEUX.	LATITUDE.		LONGITUDE.		ÉLÉVATION.
SEINE-ET-OISE.	Versailles.	48°	47'	0°	12' (o)	123 Mètr.
	Mantes.	48	59	0	37	59
	Rambouillet.	48	38	0	30	169
	Corbeil.	48	36	0	8 (E)	36
	Pontoise.	49	3	0	14 (o)	48
	Etampes.	48	26	0	11	133
SEINE INFÉRIEURE.	Rouen.	49	26	1	14 (o)	21
	Dieppe.	49	55	1	15	50
	Le havre.	49	29	2	13	4
	Yvetot.	49	37	1	35	152
	Neufchatel.	49	43	0	53	92
DEUX SÈVRES.	Niort.	46	19	2	48 (o)	29
	Bressuire.	46	50	2	49	184
	Melle.	46	13	2	28	139
	Parthenay.	46	38	2	35	172
SOMME.	Amiens.	49	53	0	2 (o)	36
	Doullens.	50	9	0	0 (E)	60
	Montdidier.	49	39	0	13	98
	Péronne.	49	55	0	35	53
	Abbeville.	50	7	0	30 (o)	22
TARN.	Alby.	43	55	0	11 (o)	169
	Castres.	43	36	0	5	170
	Gaillac.	43	54	0	26 (o)	137
	Lavaur.	43	41	0	30	138

DÉPART.	CHEFS-LIEUX.	LATITUDE.		LONGITUDE.		ÉLÉVATION.
TARN et GARONE	Montauban.	44°	1'	0°	59'(o)	97 Mètr.
	Moissac.	44	6	1	15	71
	Castel-Sarrazin.	44	2	1	13	81
VAR.	Draguignan.	43	32	4	7(E)	215
	Brignoles.	43	27	3	43	229
	Grasse.	43	39	4	55	325
	Toulon.	43	7	3	35	4
VAUCLUSE.	Avignon. (Statue d'Althen.)	43	57	2	28(E)	54
	Carpentras.	44	3	2	42	102
	Apt.	43	52	3	3	250
	Orange. (Clocher n. D.)	44	8	2	28	45
VENDÉE.	Napoléon Vendée	46	40	3	45(o)	72
	Fontenai.	46	28	3	8	22
	Sables d'Olonne.	46	29	4	7	6
VIENNE.	Poitiers.	46	34	1	59(o)	118
	Chatellerault.	46	48	1	47	54
	Civray.	46	9	2	2	144
	Loudun.	47	0	2	15	109
	Montmorillon	46	25	1	28	127
VIENNE (H).	Limoges.	45	49	1	4(o)	287
	St.-Yrieix.	45	30	1	8	358
	Bellac.	46	7	1	17	242
	Rochechouart	45	49	1	31	241

DÉPART.	CHEFS-LIEUX.	LATITUDE.	LONGITUDE.	ÉLÉVATION.
VOSGES.	Epinal.	48° 10'	4° 6'(E)	341 Mètr.
	Mirecourt.	48 18	3 47	279
	Neufchateau.	48 21	3 21	305
	Remiremont.	48 0	4 15	403
	St.-Dié.	48 17	4 36	342
YONNE.	Auxerre.	47 47	1 14(E)	122
	Avallon.	47 29	1 34	262
	Joigny.	47 59	1 3	116
	Sens.	48 11	0 56	76
	Tonnerre.	47 51	1 38	179

AFRIQUE FRANÇAISE.

DÉPART.	CHEFS-LIEUX.	LATITUDE.	LONGITUDE.	ÉLÉVATION.
ALGER.	Alger.	36° 47'	0° 43'(E)	..
	Médéah.	36 11	0 23	..
	Milianah.	33 18	0 8'(O)	..
ORAN.	Oran.	36 41	2 59(O)	..
	Mascara.	35 24	2 14	..
	Tlemcen.	34 53	3 18	..
CONSTANTINE.	Constantine.	36 21	4 14(E)	..
	Guelma.	36 28	5 6	..
	Sétif.	36 12	3 6	..

Pl. 1

Pl. 2

Pl. 3

fig. 12

fig. 13

Pl. 4

fig. 14

fig. 15

Pl. 5

Fig. 16

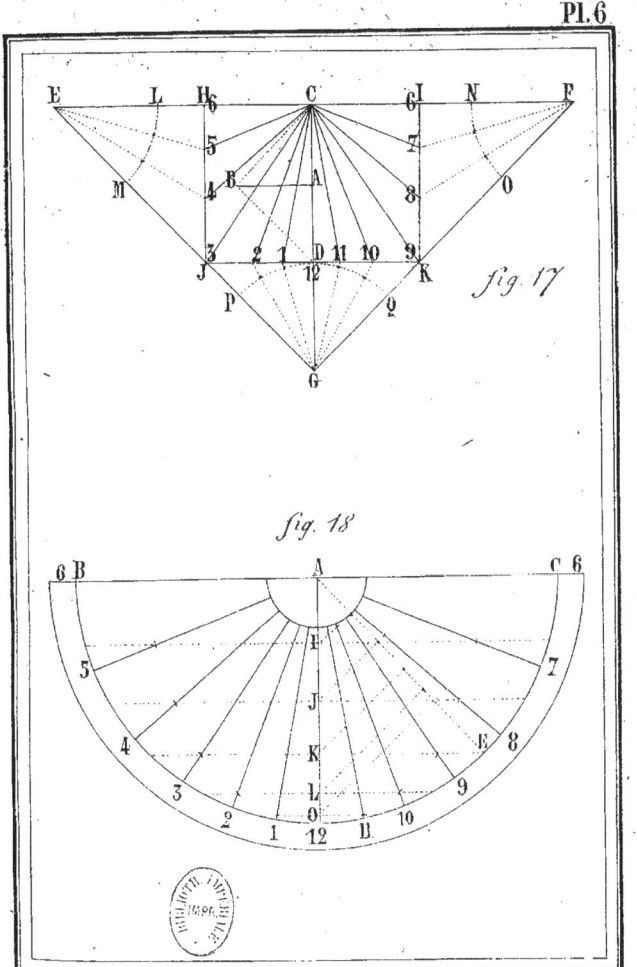

Pl. 7

fig. 19

fig. 20   *fig. 21*

Pl. 8

Pl. 9

Pl. 10

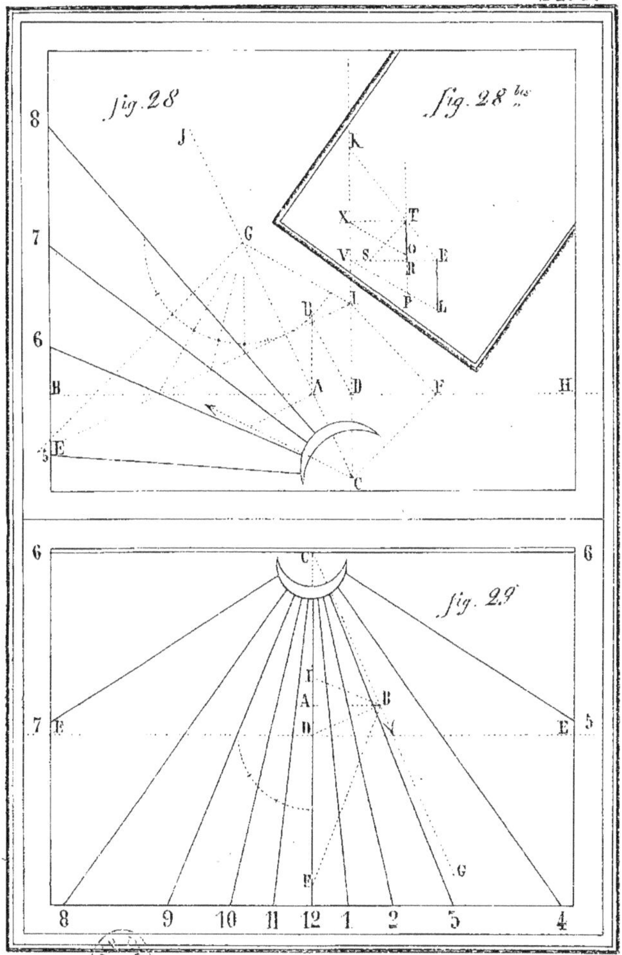

fig. 28

fig. 28 bis

fig. 29

Pl. 11

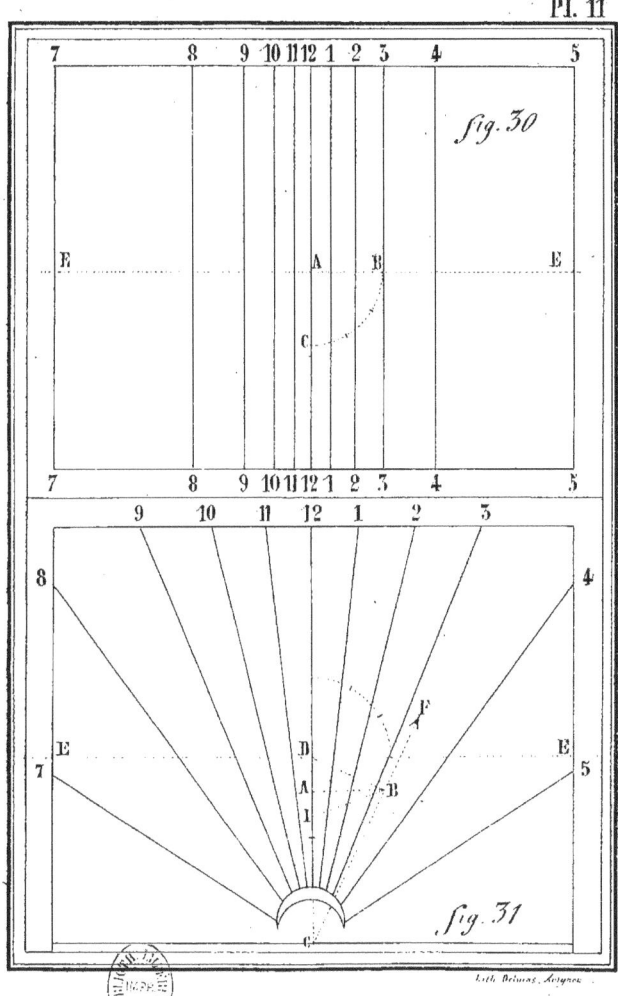

Pl. 12

fig. 32

fig. 33

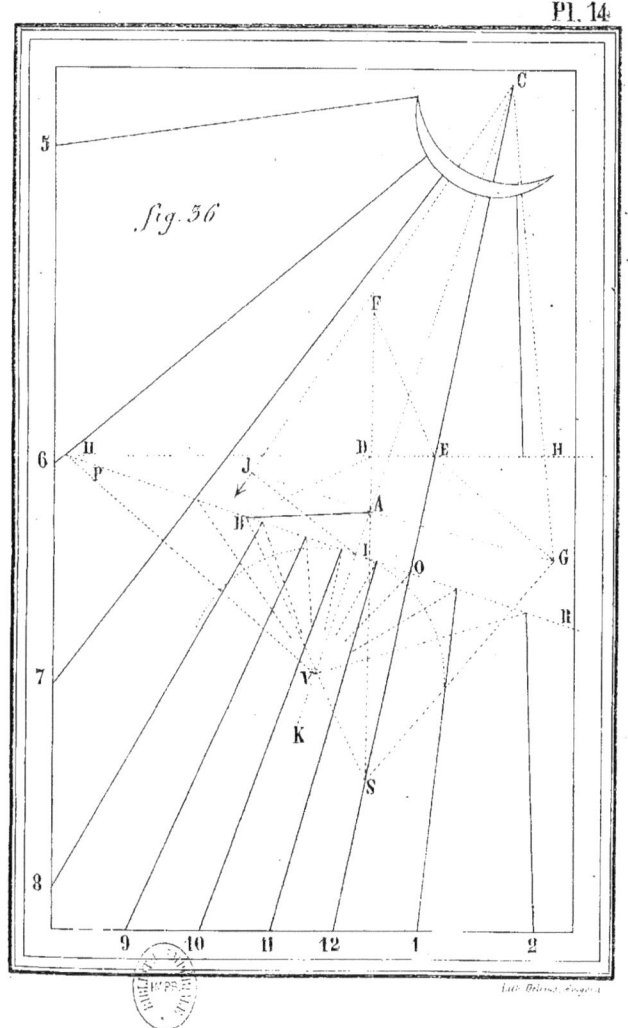

Pl. 14

fig. 36

Pl. 13

fig. 34.

fig. 35.

Pl. 15

fig. 37

fig. 38

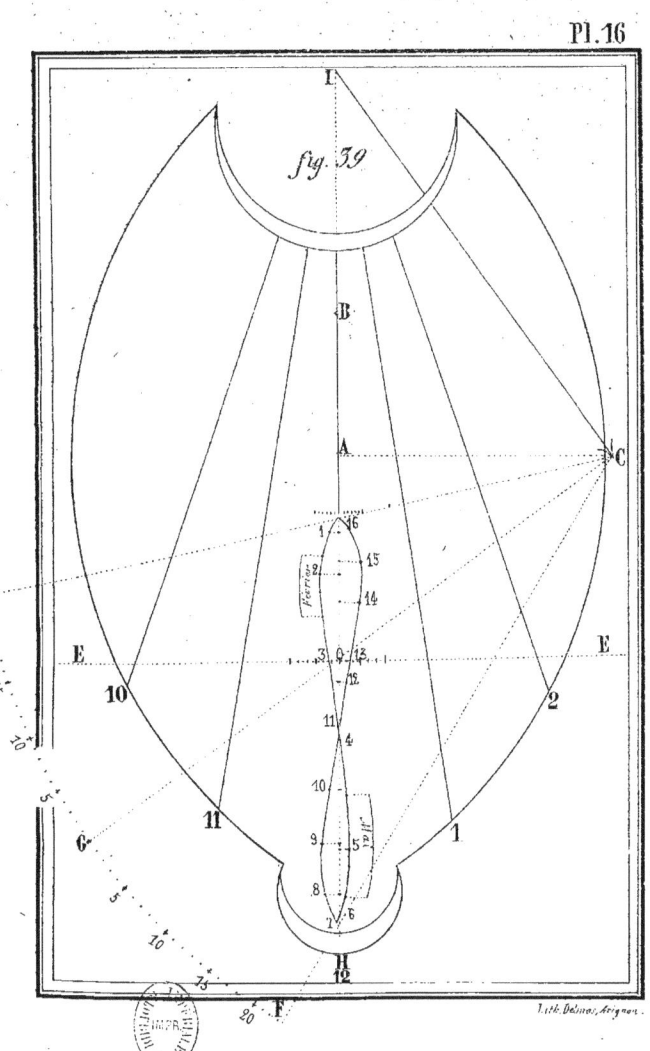
Pl. 16

fig. 39

www.ingramcontent.com/pod-product-compliance
Lightning Source LLC
Chambersburg PA
CBHW070520100426
42743CB00010B/1887